KUNSTHANDWERK KREATIV

SUSANNE HAINES

ARBEITEN MIT PAPIER-MACHÉ

Vorlagen und Anleitungen

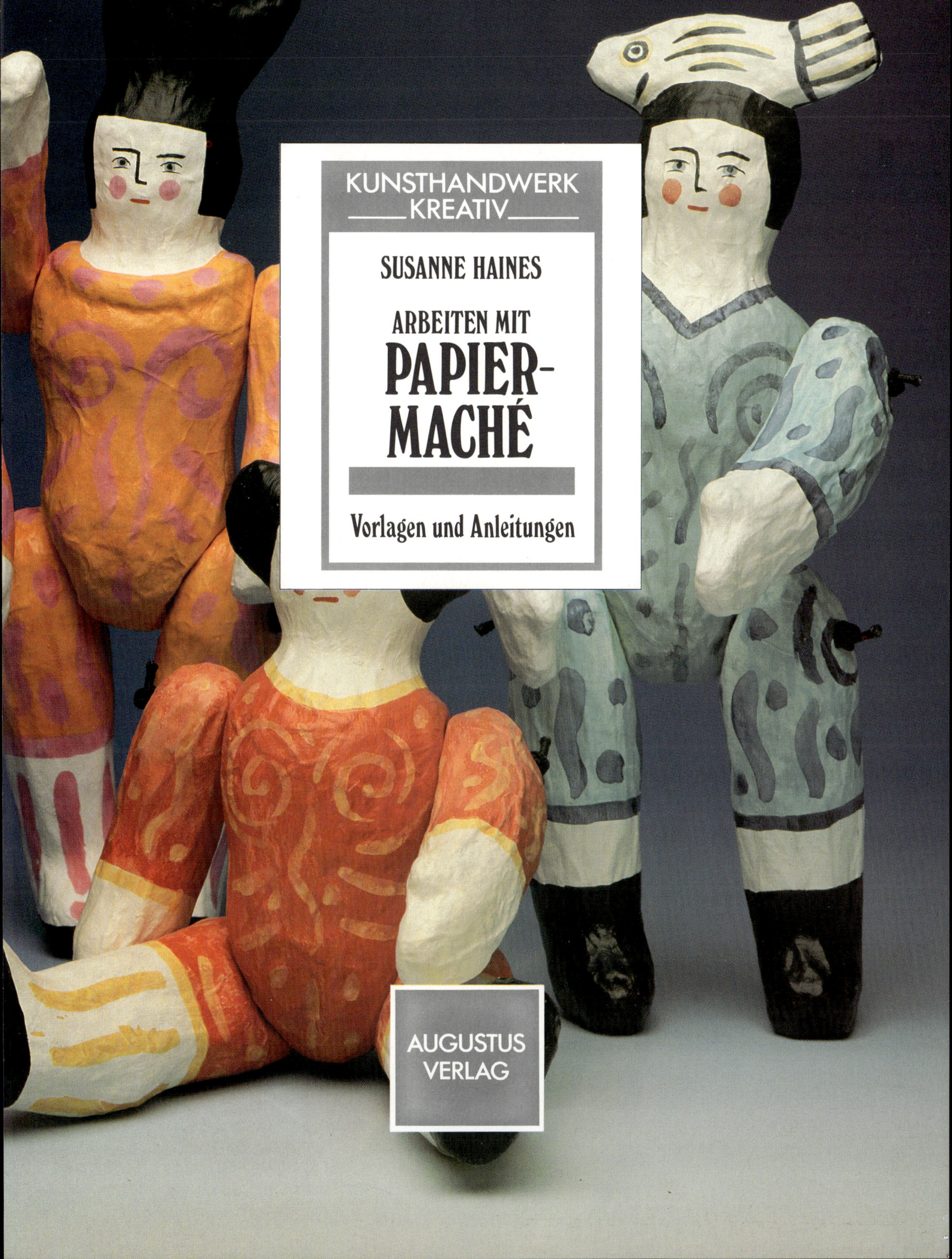

KUNSTHANDWERK KREATIV

SUSANNE HAINES

ARBEITEN MIT PAPIER-MACHÉ

Vorlagen und Anleitungen

AUGUSTUS VERLAG

CIP-Titelaufnahme der Deutschen Bibliothek

Arbeiten mit Papiermaché: Vorlagen und Anleitungen / Susanne Haines [Fotogr.: Heini Schneebeli ... Aus dem Engl. übers. von Christiane Bergfeld]. – Augsburg : Augustus-Verl., 1991

(Kunsthandwerk kreativ)
Einheitssacht.: Papier mâché ⟨dt.⟩
ISBN 3-8043-0182-7
NE: Haines, Susanne; Schneebeli, Heini; EST

Titel der englischen Originalausgabe »Susanne Haines: Papier Mâché«
Aus dem Englischen übersetzt von Christiane Bergfeld, Hamburg

Satz: 9/11 P. Garamond von Fotosatz Uhl+Massopust, Aalen
Druck und buchbinderische Verarbeitung: Printer Portugesa, Portugal
Printed in Portugal

ISBN 3-8043-0182-7

Inhalt

When the bright
their loud
chevalier sans peur et sans reproche.
what we can we will be
honest Englishmen.

Einleitung

Noch vor kurzem rief das Wort »Papiermaché« oder »Pappmaché« bei vielen Erinnerungen an die Kindheit wach – klebrige Finger, Schulzimmer voller Zeitungspapier und die Herstellung seltsamer, plumper Wesen. Jetzt haben Künstler diese Kunstform und Technik neu für sich entdeckt, auf der Suche nach neuen schöpferischen Ausdrucksformen.

Seit es Papier gibt – und das wurde im 2. Jahrhundert n. Chr. in China erfunden –, kennt man auch die Technik, Kunstobjekte aus geklebten Papierschichten oder -brei herzustellen. Den vielfältigen Verwendungsmöglichkeiten und Eigenschaften verdankt dieses Material seine stets gleichbleibende Beliebtheit.

Pappmaché ist preiswert, ausgesprochen leicht und gut zu verarbeiten, daher besonders geeignet für kurzlebige Objekte, von den ganz kleinen bis zu den ganz großen: Auf der ganzen Welt verwendet man es für den Karneval, Theater, Zirkus und Feste; man stellt riesige, extravagante Gebilde und Masken daraus her.

Wie stark und dauerhaft Pappmaché sein kann, beweisen aus dem zweiten Jahrhundert n. Chr. erhaltene chinesische Kriegermasken, die mit Lack gehärtet wurden. Die Technik, einen Papierbrei oder Papier und Kleister zu modellieren, zu backen und abschließend zu lackieren, breitete sich im 17. Jahrhundert von Frankreich über ganz Europa aus.

Durch Weiterentwicklung und Verfeinerung der Produktionsverfahren erhielt man schließlich ein hoch widerstandsfähiges Material, das in der zweiten Hälfte des 19. Jahrhunderts in Europa und Amerika Furore machte. Von Tabaksdosen und Visitenkartenständern bis zu Möbeln, architektonischen Teilen und Kutschenverkleidungen wurde fast alles daraus hergestellt. Sogar die Verwendung für ein Boot ist belegt und kurioserweise auch für ein Dorf in Fertigbauweise, das sich ein Engländer in Australien errichten ließ, um sich besser dort einzuleben. Die bekanntesten noch erhaltenen Pappmachéobjekte aus dieser Zeit sind Zierat und die typischen schwarzen Lackmöbel, im orientalischen Stil bemalt und mit Blattgold und Perlmutt verziert.

Pappmaché ist wie ein Chamäleon, es kann das Aussehen anderer Materialien wie Holz, Stein, Ton oder Bronze annehmen. Bei grober Verarbeitung betont es die Natur des Materials und der Papierstückchen, bei sehr feiner Verarbeitung hinterläßt es glatte Oberflächen und läßt sich für hochkomplizierte Formen im Miniaturformat verwenden. Diese Eigenschaften hat sich die Volkskunst in aller Welt, von Nord- und Südamerika bis nach Indien und dem Fernen Osten, zunutze gemacht.

Bei Pappmaché trügt der Schein. Scheinbar massive Gegenstände aus diesem Material überraschen immer wieder durch ihr leichtes Gewicht.

Wer einen besonderen Sinn für diese Eigenschaften entwickelt, läßt sich vom Material bezaubern. Es läßt der Phantasie und dem Gestaltungswillen freien Lauf. Keine Regeln, keine Beschränkungen schreiben den Umgang mit Pappmaché vor.

Die Freude an der schöpferischen Arbeit entwickelt sich aus den einzelnen Phasen, in denen das Werk langsam entsteht. Nach der Anfangsidee kommt das bildhauerische Element, zum Beispiel der Bau eines Stützgerippes oder die Suche nach einer Modellierform. Das Auftragen der Papierschichten ist zeitaufwendig, hat man aber erst einen Rhythmus gefunden,

Kunterbunt und reich verziert – diese Vasen von Marion Elliot beweisen phantasievollen Einsatz von Form, Motiv, Farbe.

wirkt es beruhigend und entspannend. Beim Grundieren mit weißer Farbe oder Gips nimmt das Werk dann konkrete Gestalt an, das bedruckte Papier wird abgedeckt. Bei der Verzierung der Oberfläche erwacht das Stück schließlich zum Leben.

Der unterschiedliche Umgang mit diesen Grundtechniken spiegelt die persönliche Note und die Vorliebe der Künstler wider. In diesem Buch werden drei Künstlerinnen vorgestellt.

Julie Arkell arbeitete nach einer Ausbildung als Modedesignerin mehrere Jahre als Illustratorin, bevor sie die enorm befreiende Wirkung der bildnerischen Arbeit für sich entdeckte, genau das richtige für ihre kreative und originelle Vorstellungskraft. Die antiken griechischen Urnen im Britischen Museum regten sie zur Arbeit mit Pappmaché an, da sie diese dreidimensional nachahmen wollte. Dann wurde sie durch die Liebe zu modischen Accessoires dazu gebracht, farbenfrohen, auffälligen Schmuck anzufertigen, mit dem sie plastische Formen und ihre Freude an Farbe und Ornamentik im kleinen erprobte. Es bereitet ihr Freude, Objekte und Bilder, die ihr gefallen, auf ihre eigene Art in dreidimensionalen Stilleben neu zu erschaffen. Dabei unterwirft sie sich dem Diktat des Materials, läßt das verknitterte Papier die Oberflächenstruktur bilden und verwendet jetzt auch verstärkt Fundstücke, setzt Ton- und Glasscherben in einem neuen Zusammenhang mit ein.

Marion Elliot ist ausgebildete Künstlerin und wandte sich der Keramik zu, fertigte Tonvasen, Schüsseln und Plastiken an. Zunehmend frustriert von den beschränkten Möglichkeiten des Mediums Ton, auch von den wenigen erzielbaren Farbvarianten, probierte sie mehrere Techniken aus, um einen direkteren, bunteren und kraftvolleren Effekt zu erzielen. Schließlich versuchte sie es mit Pappmaché. Sie spürte, daß die Grundtechniken mit dem Töpfern verwandt sind, ihr aber größere Freiheit in bezug auf Farbe, Form und Größe ließen. Sie entdeckte auch, daß die Flexibilität und Vielseitigkeit des Mediums ihrer Arbeitsweise und Phantasie angemessener war. Die Formen ihrer Schalen und Vasen tragen die Handschrift antiker klassischer Keramik, während sie sich zu Malmotiven durch Tätowierungen, Verpackungen und naive Kunst anregen läßt. Gern läßt sie ihre Gebilde rätselhafte Phrasen oder Verszeilen verkörpern.

Deborah Schneebeli-Morrell ist ausgebildete Künstlerin und arbeitete ebenfalls mit Ton, der ihr aber nicht genug Freiheit bot. Daher entwickelte sie ihre Ideen mit Pappmaché und begeisterte sich für die Frische und Flexibilität des Mediums. Ganz unbefangen verwendete sie Abfälle für ihre Arbeiten und verwandelte sie in Kunstobjekte. Sie verfügt über eine reiche vielseitige Phantasie. Ihre schreinartigen Ikonen mit den symbolischen Figuren reflektieren ihre Lebensphilosophie. Die mexikanische Kunst mit der starken Pappmachétradition hat sie besonders stark beeinflußt. Sie empfindet die traditionellen mexikanischen Bauernpuppen nach, unter Verwendung modernerer Techniken. Mit frischen, leuchtenden Farben betont sie besonders gern die Leichtigkeit des Materials und legt Wert auf ungiftige Werkstoffe. Die Modellierformen für ihre Objekte fertigt sie aus Modelliermasse. Eine überaus glatte Oberfläche erreicht sie durch Verwendung winziger Papierstückchen und einer Gipsgrundierung aus mehreren Schichten.

Allen drei Künstlerinnen ist die Freude an der Schlichtheit und Flexibilität des Materials gemein, an dem Kreativitätspotential der Formen, am Experimentieren mit Techniken, um bestimmte Resultate zu erzielen, die Suche nach verschiedenen Inspirationsquellen, eine Liebe zur leuchtenden Farbe und zur Magie der Verwandlung gewöhnlicher Materialien in schöne Objekte. Ihre Arbeit bereitet ihnen große Freude.

Die Bastelobjekte in diesem Buch werden Schritt für Schritt erklärt, so daß Sie die Stücke nacharbeiten können. Das Interessanteste beim Modellieren mit Pappmaché sind jedoch eigene Entdeckungen und eigene Gestaltung. Wenn Sie also die Eigenschaften des Materials kennengelernt haben, experimentieren Sie mit eigenen Ideen und erfinden Sie neue Formen und Techniken. Im Abschnitt »Galerie« finden Sie weitere Arbeiten der Künstlerinnen, die Sie zum Erproben neuer Wege anregen werden.

Ungewöhnliche Schmuckmittel und Liebe zur bildnerischen Gestaltung spiegeln Julie Arkells Accessoires wider.

Material und Ausstattung

Das Material für Pappmachéarbeiten ist billig und leicht zu beschaffen. Es folgt eine Liste der Grundzutaten. Weitere Materialangaben stehen bei den einzelnen Anleitungen.

Die Arbeitsfläche deckt man am besten mit einer Plastikplane ab. Das verhindert ein Festkleben der Bastelobjekte. Auch eine Arbeitsschürze empfiehlt sich.

Zeitungspapier

Sammeln Sie alte Zeitungen. Tageszeitungen eignen sich besser als Illustrierte, sie lassen sich leichter um eine Form modellieren. Zeitungen nie schneiden, nur reißen.

Tapetenkleister

Die Schichten aus Papierstückchen werden mit Tapetenkleister verklebt. Viele Markenprodukte sind fungizid und daher für Kinder ungeeignet. Ungiftiges Pulver ist aber auch im Fachhandel erhältlich. Den Kleister nach Anweisung auf der Packung anrühren, eventuell zur Verstärkung PVA-Kleber beimengen (z. B. Ponal). Kleisterschüssel nach Gebrauch stets mit luftdichtem Deckel oder feuchtem Tuch abdecken. Überschüssigen Kleister in Zeitungspapier wickeln und wegwerfen – nicht in den Abfluß schütten.

Zur Not läßt sich ein – sehr kurzlebiger – Kleister aus Mehl und Wasser anrühren. Er ist aber nicht besonders zu empfehlen.

Kleisterschüssel

Sie sollte groß genug sein für eine ausreichende, für die betreffende Arbeit benötigte Menge. Ideal ist eine Küchenschüssel. Nach Gebrauch gründlich auswaschen, um alle Reste von Kleister und PVA-Kleber (Weißleim) zu entfernen.

Papiermasse

Fertige Trockenmischungen für Pappmaché erhält man im Bastel- oder Spielwarenladen. Man rührt sie nach Anweisung auf der Packung an; eventuell gibt man fertige Füllzusätze für bessere Klebefähigkeit zu.

Der Papierbrei läßt sich auch aus Zeitungen herstellen, was zwar billiger und schneller zu haben ist als die Fertigmischung, andererseits aber auch Schmutz macht.

Modellier- und Stützformen

Die Grundformen für Pappmachéobjekte lassen sich aus vielerlei Haushaltsartikeln und -materialien herstellen: aus Rührschüsseln, Auflaufformen, aufgeblasenen Luftballons, Wellpappe mit glatter Oberfläche, Papprollen von Toilettenpapier, Modelliermasse. Starker Zeichenkarton eignet sich für Stützgerippe. Sammeln Sie alles, was Sie gebrauchen könnten. Bei vorsichtiger Entfernung des getrockneten Pappmachés lassen sich die Formen wiederverwenden.

Vaseline

Verhindert das Festkleben des getrockneten Pappmachéobjekts an der Modellierform. Eine andere Möglichkeit wäre ein Handgeschirrspülmittel.

PVA-Holzleim

Mit PVA-Kleber (z. B. Ponal) verklebt man Papierstückchen und Pappe.

Mit Wasser verdünnt, kann man damit auch poröse Oberflächen versiegeln.

Epoxidharz

Fertige Kraftkleber sind zum Beispiel Pattex Kraft-Mix oder Epoxidharz von Bindulan. Der schnelltrocknende Typ wird in zehn Minuten hart, der normale Typ braucht dazu zehn Stunden. Beide vorsichtig handhaben, da sie die Haut angreifen. Für Kinder ungeeignet.

Bleistift, Filzstift

Zum Zeichnen der Konturen und für Muster auf Pappe. Zum Skizzieren der Schmuckmotive auf weißer Grundierung eignen sich Bleistifte am besten.

Messer und/oder Schere

Man braucht sie zum Schneiden der Ränder und Ausschneiden von Pappe. Sie müssen scharf sein. Je nach Materialbeschaffenheit Teppichschneider, Buchbinder- oder Papiermesser verwenden. Klinge geschützt aufbewahren.

Kantenlineal aus Metall

Zum Markieren gerader Linien auf Pappe und zum Schneiden glatter, gerader Kanten.

Messer mit flacher, stumpfer Klinge

Zum Ablösen des Pappmachéteils aus einer Modellierform nach dem Hartwerden.

Kuchenrost

Ideal zum Trocknen kleiner Teile, die so von allen Seiten Luft bekommen.

Matte weisse Dispersionsfarbe oder fertiger Acrylgesso

Damit wird das fertige Pappmachéobjekt vor dem Aufmalen des Dekors grundiert. Es liefert eine leuchtend weiße Oberfläche. Dispersionsfarbe (aus dem Tapetenladen) ist sehr preiswert. Fertiger Acrylgesso (Künstlerbedarf) ist teurer; er trägt dicker auf und liefert eine weiche kreidige Oberfläche.

Farbe und Tusche

Gouache- und Acrylfarben werden von den Künstlerinnen im Buch bevorzugt. Es sind Farben auf Wasserbasis, in vielen Schattierungen erhältlich.

Gouache, eine deckende Wasserfarbe, ist leicht zu handhaben, solange man jede Schicht vor dem Auftragen der nächsten trocknen läßt.

Acrylfarben bekommt man in Gläsern und Tuben. Sie lassen sich mit Wasser mischen, doch mit einem Acrylmittel bleiben die Farben stärker. Sie trocknen überaus schnell. Achten Sie darauf, die Farbe nicht am Pinsel trocknen zu lassen, sie läßt sich sonst nicht entfernen.

Schwarze wasserfeste Tusche wurde in diesem Buch zum Konturenzeichnen verwendet.

Wasserglas und Palette

Jedes Marmeladenglas oder Gefäß eignet sich. Die Palette hat auch im Idealfall kleine Vertiefungen oder Fächer, um die Farben getrennt zu halten, Teller oder Untertasse gehen auch.

Lack

Klarer Holzlack, matt oder glänzend (aus Heimwerker- oder Tapetenladen), imprägniert Ihr Kunstwerk dauerhaft und bringt die Farbe zur Geltung. Manche Marken vergilben mit der Zeit ein bißchen.

Künstleracryllack (matt oder glänzend) kostet mehr, vergilbt jedoch nicht so leicht.

Pinsel

Benötigt werden mindestens drei verschiedene Arten von Pinsel:

- Ein kleiner Haushaltspinsel zum Grundieren mit Dispersion oder ein Nylon-Künstlerpinsel mittlerer Größe für Gesso. Nach Gebrauch in Wasser auswaschen.
- Ein Aquarellpinsel zum Auftragen der Gouache- oder Acrylfarbe. Nach Gebrauch in Wasser auswaschen und mit den Borsten nach oben ins Glas stellen. Bei guter Pflege halten die Pinsel lange. Es empfiehlt sich die Anschaffung von drei oder mehreren Pinseln, breite für große Flächen und sehr feine für Details.
- Ein kleiner Haushalts- oder mittelgroßer Künstlerpinsel für Lack.

Farben: Acryl oder Gouache auf Wasserbasis zum Bemalen der Grundierung

Tapetenkleister: in einer großen, flachen Schüssel anrühren

wasserfeste Tusche: um Korrekturen zu erleichtern

Kreppband: hält Klebeflächen von Wellpappe bis zum Trocknen zusammen

Modelliermasse: unerläßlich zum Herstellen von Modellierformen

Zeitungen: in Streifen reißen, nie schneiden

Schere, Papiermesser, Teppichschneider: scharfe Klingen zum Pappeschneiden

Dispersionsfarbe und **Acrylgesso:** zum Grundieren vor der Bemalung

Filz- und Bleistifte und **Maler- und Künstlerpinsel:** zum Bemalen

Klarlack: matt oder glänzend zum Imprägnieren

Epoxidharz: Kraftkleber (Pattex, Bindulan); **PVA-Kleber** für Papier und Pappe

Lineal: zum Messen, zum Schneiden eins aus Metall verwenden

Grundtechniken

Bevor Sie mit der Arbeit anfangen, legen Sie sich alles bereit. Am besten schaffen Sie sich eine Arbeitsfläche, die Sie zwischen den verschiedenen Arbeitsphasen nicht zu räumen brauchen.

Kleister anrühren

Als erstes rühren Sie den Tapetenkleister an. Nehmen Sie einen halben Liter Wasser und berechnen Sie, wieviel Pulver Sie nach der Packungsanleitung für eine zähflüssige Masse brauchen. Wasser in eine Schüssel gießen, Pulver einrühren und gründlich durchschlagen. fünfzehn Minuten quellen lassen, dabei gelegentlich umrühren. Eventuell PVA-Kleber (Weißleim) als Füllmittel zugeben.

Kleister aus Mehl und Wasser stellen Sie so her: Einen halben Liter Wasser mit 85 g Mehl in einem Edelstahltopf mischen. Eine Stunde ruhen lassen, unter Rühren aufkochen, zehn Minuten köcheln, danach abkühlen lassen.

Zeitungen zerreissen

Reichlich Zeitungspapier in Streifen reißen, die Größe richtet sich nach der Form des Bastelguts. Sie werden bemerken, daß sich die Zeitung leichter in die eine als in die andere Richtung reißen läßt. Das liegt an der Strichrichtung der Papierfasern. In den meisten Zeitungen verläuft sie von oben nach unten. Zerrissenes Papier liefert fransige Kanten und daher eine glattere Oberfläche als mit der Schere geschnittenes Papier.

Bau/Herstellen einer Modellierform

Wenn Sie eine Stützform für Ihre Pappmachéarbeit bauen, setzen Sie sie mit Leim zusammen und lassen Sie sie trocknen. PVA-Kleber auf beide Klebeflächen auftragen. Überschüssigen Leim abwischen und die Teile mit Kreppband sichern oder beschweren, je nach Objekt, bis der Leim trocknet.

Epoxidharz sollte auf beide Flächen gestrichen werden. Während er trocknet, muß man die Teile festhalten.

Wird eine Modellierform benutzt, aus der das Pappmachéteil herausgelöst wird, fettet man sie vor dem Kaschieren mit reichlich Vaseline ein. Das verhindert das Festkleben des Papiers an der Form. Bei kleinen Modellierformen aus Modelliermasse ist kein Einfetten nötig, da das Material fetthaltig ist. Bei komplizierten Formen (wie der Katzenmaske) sollte man nicht auf Vaseline verzichten, um mögliches Ankleben auszuschließen.

Einkleistern und Kaschieren (Bekleben der Form)

Streichen Sie den Kleister mit der Hand auf eine oder beide Seiten des Papierstreifens. Überschüssigen Kleister drücken Sie mit den Fingern heraus. Sie können die eingekleisterten Streifen auch etwas einweichen lassen. Legen Sie dann die Stücke vor dem Aufkleben über den Schüsselrand. Das empfiehlt sich bei schlechter Papierqualität, dann dauert es länger, bis der Kleister aufgesogen wird.

Kleben Sie die Papierstücke so auf die Modellier- oder Stützform, daß sie überlappen und die Stücke die Richtung ändern. Bei manchen Arbeiten ist es aber auch sinnvoll, die Stückchen ordentlich aufzukleben.

Die Größe der Papierstückchen richtet sich nach der Größe des Bastelobjekts. Mit der Streifengröße läßt sich aber auch die Oberflächenstruktur variieren. Bei einer runden Form erzielt man zum Beispiel mit winzigsten Papierfetzen eine glatte Oberfläche; mit großen Stücken und Faltenbildung läßt sich eine strukturierte Oberfläche schaffen.

Aufkleben der Papierschichten

Die Anzahl der aufzuklebenden Papierlagen richtet sich nach der Größe des Objekts und seiner gewünschten Stabilität. Für das Bekleben einer kleinen Fotokartonschablone (z. B. für Schmuck) braucht man nur zwei Schichten, für eine Obstschale dagegen mindestens acht.

Zu empfehlen ist die Verwendung zweier verschiedenfarbiger Zeitungen. So sieht man, wieviel Schichten schon beklebt sind, und trägt sie gleichmäßig auf. Das ist vor allem hilfreich, wenn alle Schichten in einem Arbeitsgang geklebt werden. Sonst kann man auch jeweils eine Schicht auftragen und je 24 Stunden trocknen lassen.

Wenn Sie mit einer Schicht fertig sind, streichen Sie mit den Fingern darüber und drücken Sie Luftblasen und Kleisterreste heraus.

Trockenzeit

Je nach Zimmertemperatur und Wetterlage kann die Trockenzeit unterschiedlich ausfallen. Die für die verschiedenen Arbeitsphasen in diesem Buch empfohlenen Zeiten gelten für ein mildes, gemäßigtes Klima. Sie müssen Sie Ihren eigenen Bedingungen anpassen. Ein Trockenschrank verkürzt die Zeit.

Wenn Sie jede Schicht einzeln trocknen lassen, erhalten Sie gute Richtwerte für die Trockenzeit. Testen Sie, wie trocken ein Stück nach zwei, drei Tagen ist, wenn Sie alle Schichten auf einmal kleben. Beim Arbeiten mit Modellierformen heben Sie das Pappmachéstück mit einem stumpfen Messer an den Seiten an. Löst sich das Papier nur schwer, lassen Sie es noch einen Tag trocknen. Nach dem Herauslösen aus der Form noch einen Tag trocknen lassen, so daß die Seite, die der Modellierform zugekehrt lag, gründlich austrocknen kann.

Das Trocknen sollte bei gleichbleibender Temperatur erfolgen, besonders beim Kaschieren von Ballons. Sie könnten sonst platzen oder einschrumpfen.

Der letzte Schliff für die Form

Nach dem Beschneiden der Ränder (beim Spiegel oder bei der Schale zum Beispiel), fassen Sie die Schnittkante mit schmalen Papierstreifen ein und lassen sie trocknen.

Beim Zusammenfügen von Teilen (z. B. bei der Puppe) verkleben Sie mit Weißleim und halten sie mit Kreppband in Form, während sie eine halbe Stunde trocknen, vorher Leimreste abwischen. Nach dem Trocknen Kreppband lösen und Nahtstellen mit kleinen Papierstückchen bekleben.

Für eine glatte Oberfläche behandeln Sie das Pappmaché mit Sandpapier, zuerst mit mittlerer, dann mit feiner Körnung; die Staubpartikel abbürsten.

Grundieren des Pappmachés

Tragen Sie weiße Dispersions- oder Binderfarbe oder fertigen Acrylgesso auf, um die poröse Oberfläche der geklebten Schichten zu grundieren und einen Malgrund für das Dekor herzustellen. Für die Dispersion einen Haushalts-, für Gesso einen weichen Künstlerpinsel nehmen. Jede Schicht trocknen lassen.

Ein-, zweimal mit Dispersion grundieren. Ist die erste Schicht rissig, unbedingt eine zweite auftragen. Bis zu vier Schichten Gesso hinterlassen eine schöne glatte Oberfläche.

Anzeichnen der Schmuckmotive

Falls nötig, das Muster mit Bleistift oder feiner blauer Kreide auf der weißen Fläche anzeichnen.

Bemalung

Gouache in kleinen Mengen auf eine Palette drücken und mit ein paar Wassertropfen verdünnen. Nicht zu sehr verdünnen, da die Farben decken sollen. Die Farbschichten eine nach der anderen trocknen lassen.

Acryl sollte mit einem Acrylmittel gemischt werden. Genauso verarbeiten wie Gouache, die Schichten jeweils für sich trocknen lassen.

Lackieren

Vor dem Lackieren muß die Farbe absolut trocken sein. Prüfen, ob der Pinsel Borsten oder Haare verliert, da sie sich schlecht entfernen lassen. Die ganze Figur gleichmäßig lackieren, eventuell in zwei Phasen arbeiten und das Teil zum Trocknen abstellen. In einem staubfreien Raum trocknen lassen.

Wird zweimal lackiert, die erste Schicht vor dem Auftragen der zweiten völlig trocknen lassen.

Sofort nach Gebrauch den Pinsel mit Spiritus reinigen.

Galerie

Eine breite Palette von Papiermachéobjekten zeigen diese Arbeiten von Julie Arkell, Marion Elliot und Deborah Schneebeli-Morrell. Sie veranschaulichen unterschiedliche Materialien und Techniken und schöpferischen Gebrauch von plastischer Form, Design und Farbe.

Diese Objekte tragen zwar die persönliche Note der Künstlerinnen, sollen Sie aber auch zu eigener kreativer Gestaltung anregen, zum Schaffen von Zier- oder Gebrauchsgegenständen.

Fisch- und Muschelvase
MARION ELLIOT
Höhe: ca. 35 cm
Diese farbenfrohen Vasen sind antiken griechischen und römischen Formen nachempfunden, die Henkel der Barockzeit. Die Motive sind der Natur abgeschaut: Fische, Muscheln, Algen. Die Vasenkörper sind um eine Form herum modelliert worden, die Henkel bestehen aus Pappe. Die Reliefteile sind aus kleinen Papierbreiklümpchen gefertigt.

Spiegel
JULIE ARKELL
Höhe: ca. 45 cm
»Du hast den roten Hut getragen, ich den Schleier« – hier hat die Künstlerin eines ihrer Bilder plastisch nachgestaltet (links). Das Kunstwerk »Sonnensplitter« (rechts) entstand durch Auftragen einer Schicht Fliesenkleber, in die »Alltagsjuwelen« (Scherben von Porzellan, Autoscheinwerfern u. ä. Glitzerzeug) eingebettet wurden. Die Vase ist ein Marmeladenglas.

Zirkushund und blauer Vogel, Hund mit Krone
Julie Arkell
Höhe: ca. 23 cm
Da sie sich selbst einen Hund wünscht, schuf die Künstlerin diese liebenswerte Tiere. Der Rumpf besteht aus zerknülltem trockenen Zeitungspapier, durch Klebeband in Form gehalten. Darüber liegt eine Schicht gekleisterter Papierstücke; Beine und alle anderen Teile sind aus Pappe.

»Die Hand der Schaffenskraft« (Mitte) und **»zum Valentinstag«** (rechts und links)
Deborah Schneebeli-Morrell
Höhe: 44 cm und je 30 cm
Die Hand steht hier als Symbol für die Kreativität und Vitalität, außerdem als Freundschaft, Liebe und Grüße (»zum Valentinstag«), anknüpfend an alte Motive der Volkskunst.

Spiegel
MARION ELLIOT
Höhe ca. 70 cm
Ein alter Spiegelrahmen aus Holz versteckt sich in diesem reich verzierten Pappmachéobjekt und erstrahlt in neuem Glanz. Unten prangt ein Vers des Dichters Christopher Marlowe, aus der Zeit Elisabeths I.

Kerzenleuchter
JULIE ARKELL
Höhe: ca. 49 cm
Die surreale Grundstimmung des Romans »Hundert Jahre Einsamkeit« von Gabriel Garcia Marquez inspirierte die Künstlerin zu diesen Leuchtern mit ewig tropfenden Kerzen, ganz im grandiosen südamerikanischen Stil. Die Grundform besteht aus einer Modellierform und Pappe, die Rosenblüten aus spiralig gedrehtem Papier und die Stengel aus Draht.

Noch mehr zum Valentinstag
Deborah Schneebeli-Morrell
Höhe: 62 cm
Dieses Schmuckstück ist auch Gebrauchsgegenstand. Die Figur stellt die Stärke der Frau dar. Sie steht auf dem weißen Pferd, einem Fruchtbarkeitssymbol. Beide Teile wurden über Modelliermasse geformt, der Sockel entstand aus Pappe, der Spiegelrahmen aus Papierbrei, verziert mit Blattgold.

Zentaurenvase
Marion Elliot
Höhe: ca. 57 cm
Das Vasenbild stellt das Bacchusfest dar und drückt die Vorliebe der Künstlerin für griechische Kunst und Keramik aus. Klassische Themen finden eine moderne Deutung. Maurische Silberwarenornamente aus dem Mittelalter standen Pate für die kunstvolle Form und den abnehmbaren Deckel.

Modeschmuck
JULIE ARKELL
Größe: 8 cm im Durchschnitt
Die ganze Faszination von Modeschmuck findet hier lebhaften Ausdruck. Im kleinen Maßstab lassen sich Gestaltungsformen entwickeln und ein Spiel mit Farbe, Form und Verzierung. Diese Auswahl mag als Anregung für neue Ideen dienen.

Invention in drei Teilen
DEBORAH SCHNEEBELI-MORRELL
Höhe: 52 cm
Bei der Arbeit an diesem Stück hörte die Künstlerin Bachs »Invention in drei Teilen«: Da ihre Arbeit ebenfalls dreiteilig war, benannte sie sie nach dem Musikstück. Der Vogel stellt den geistigen Höhenflug dar.

Der Sonnengott
Deborah Schneebeli-Morrell
Höhe: ca. 65 cm
Dieses Symbol für Lebenskraft soll auf den Mythos des Apoll, des griechischen Sonnengottes verweisen. Eine Quellnymphe verwandelte sich in eine Sonnenblume und folgte seiner Spur auf seinen Himmelsreisen. Die Figur ist über einer Form modelliert, ebenso die Blume, Urnen und Flammen. Der Rahmen entstand aus Wellpappe und Papiermasse.

Kästchen »mit Herz«, Krater mit Goldäpfeln, Liebesopferschale
Marion Elliot
Höhe: Kästchen und Schale 20 cm; Krater 25 cm
Das geflügelte Herz ist ein beliebtes Tätowierungsmotiv, das Kästchen sieht aus wie ein Schrein. Die Vase ähnelt dem griechischen Krater, in dem Wein mit Wasser gemischt wurde. Vase und Schale zeigen die Lieblingsmotive der Künstlerin – Amor und die Sonne.

Ein echter Gentleman
Marion Elliot
Höhe: ca. 36 cm
Englische Exzentrik und Tradition inspirierten zu dieser Vase: Ein respektvoller Engel ehrt den Gentleman mit einem Lorbeerkranz . . .

Sonnenschiff
Julie Arkell
Höhe: ca. 51 cm
Ein Stück Treibholz bildete den Ausgangspunkt für dieses fröhliche See-Stilleben. Der Rest besteht auch aus »Strandgut«: Bindfaden, Bonbonpapier, Flaschendekkel und Seeigelsplitter.

Integrierte Frau mit Blumenvasen
Deborah Schneebeli-Morrell
Höhe: ca. 60 cm
Diese Triptychon-Ikone zelebriert das neue Frauenverständnis. Selbstbewußt hält sie den Fisch, Symbol des unbewußten männlichen Anteils der Frau. Wachstum symbolisieren die Blumenurnen. Dieses Stück entstand aus modelliertem und gestütztem Pappmaché, der Rahmen aus Blattsilber.

Lackiertes Trium»mulierat«
Julie Arkell
Höhe: ca. 51 cm
Dieses kühne Damenkleeblatt soll ein heiterer Kommentar zur Stärke der Frau sein. Lassen Sie sich zu weiteren Variationen dieses Themas inspirieren!

Tulpe im Topf

Julie Arkell

Einen Hauch von ewigem Frühling bringt diese leuchtend bunte, launige Topfblume in jede Wohnung, sie ist ein hübsches Mitbringsel. Topf- und Blütenfarbe können Sie abwandeln, auch die Blumenform, nur sollte sie schlicht sein. An sehr kleine, dünne Teile sollten Sie sich nur mit Erfahrung wagen. Wenn Sie eine größere Schale nehmen, können Sie sie mit mehreren verschiedenen Blumen »bepflanzen«.

Eine einzelne Tulpe mit prächtiger Blüte und breiten Blättern ist für Anfänger gut geeignet. Die Konstruktion ist denkbar einfach: Wellpappe mit glatter Oberfläche stützt Blätter und Blume, ein dünner Holzstab den Stengel, ein Plastikgefäß den Topf.

Höhe: 43 cm

Material

- *Gefäß für den Blumentopf, hier aus Plastik, 10 cm Durchmesser; Höhe 8 cm*
- *dünner Holzstab für den Stengel, 36 cm lang*
- *Wellpappe mit glatter Oberfläche, 20 cm² für Blume, Blätter, Erde* • *Schere*
- *Pattex Kraft-Mix*
- *Kleisterschüssel*
- *Tapetenkleister, angerührt* • *gerissene Zeitungsstreifen, ca. 5 cm × 15 cm lang*
- *weiße Dispersionsfarbe* • *Gouachefarben: Spektralrot, Olivgrün, Brillantgrün, Gebrannte Siena (Rotbraun), Gold, Zinkweiß* • *Wasserglas und Farbpalette* • *klarer Glanzlack* • *Pinsel: Haushaltspinsel für Dispersionsfarbe und Lack; Künstlerpinsel für Gouache* • *Spiritus*

Techniken

Stützformteile mit Pattex Kraft-Mix zusammenbauen.

Um Blatt- und Blütenspitzen sorgfältig das Papier herumformen. Notfalls die Ecken mit einem Stück Karton herausarbeiten.

Dieses Objekt muß zweimal kaschiert werden. Erste Schicht vor dem Aufkleben der zweiten 24 Stunden trocknen lassen.

1 Sammeln Sie das Material für die Arbeit – einen Topf in gewünschter Größe, den Holzstab für den Stengel, Pappe für Pflanze und Erde. Tulpen- und Blattformen mit der Schere ausschneiden. Hier sind die Blätter 26 cm, die Blume 11 cm groß. Den Umriß des Topfbodens für die Erdform nachzeichnen und ausschneiden.

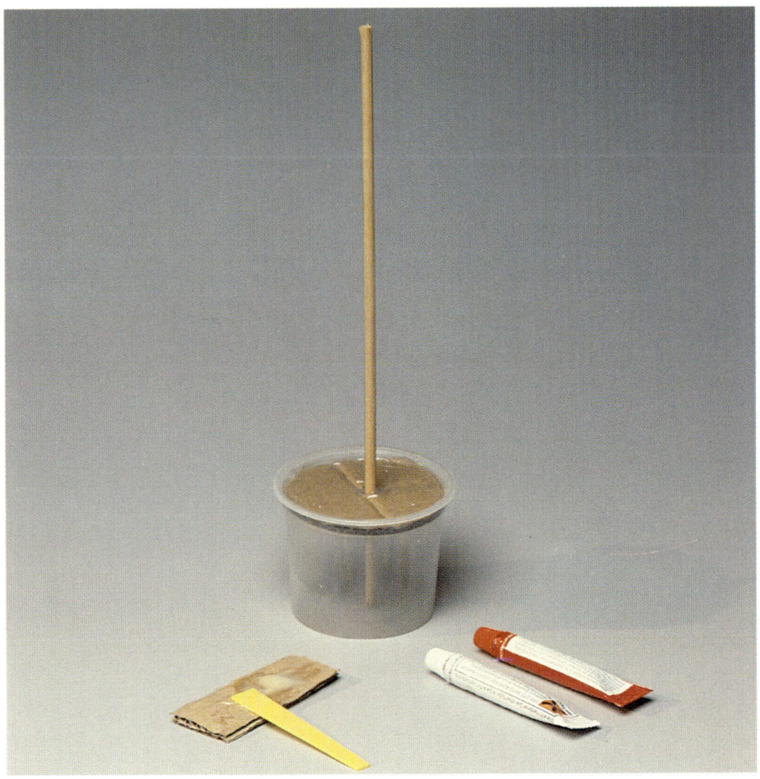

2 Topf und Stab zusammensetzen. Mit spitzer Schere oder Messer Loch in die Mitte der Erdform bohren. Papprand mit Kleber bestreichen und Scheibe direkt unter dem Rand in den Topf einpassen. Stabende mit Kleber bestreichen und durch das Loch bis auf den Boden schieben. Nahtstelle von Stab und Scheibe mit Kleber befestigen.

3 Jetzt kommen Tulpe und Blätter an ihren Platz. Stabspitze ca. 5 cm weit in unteres Ende der Tulpe schieben und festkleben. Blätter am Stengel und der Erdscheibe festkleben. Bis zum Trocknen alle Teile mit Klebeband sichern.

4 Jetzt folgt die Pappmachéarbeit. Streifen um den Stengel wickeln, den Rest der Pflanze mit überlappenden Papierstückchen bekleben, für Tulpe und Blattspitzen kleinere Stückchen verwenden. Nach dem Trocknen der ersten Schicht eine zweite auftragen.

5 Nach dem Trocknen mit weißer Dispersionsfarbe bemalen und trocknen lassen.

6 Mischen Sie sich die gewünschten Gouachefarben und tragen Sie die Grundfarben großflächig auf. Im Bild sehen Sie zwei Grüntöne, die Blüte ist mit Rosa übertüncht, weiße Streifen schimmern von der Dispersionsfarbe durch.

Nach dem Trocknen der Grundfarben verzieren Sie die Blume mit dunkleren Rottönen, Blattadern und Streifen für den Topf.

7 Nach dem Trocknen die Tulpe mit Klarlack behandeln.

SCHMUCK

JULIE ARKELL

Riesengroße modische Accessoires lassen sich mit Pappmaché herstellen, da das Material so wunderbar leicht ist. Diese auffälligen Ohrhänger, Brosche und Armreif sind mit bunten, metalleingefaßten Straßsteinen reich verziert.

Ohrringe und Brosche entstanden nach derselben Methode, aus Pappschablonen; der Armreifen entstand durch Zusammendrehen langer Papierstreifen, die dann mit Papierstückchen beklebt wurden. (Durch strammeres Zusammendrehen der Papierstreifen läßt sich die Größe des Armreifs variieren.)

Herzen sind ein beliebtes Motiv, aber Sie finden bestimmt Ihre eigenen – Stern, Sonne oder Blumen zum Beispiel. Verzieren Sie alle Stücke auf die gleiche Art, damit sie alle zusammenpassen.

Die Materialien (Haken und Ösen, Klipse und Broschennadeln) und Glassteine bekommen Sie im Bastelladen.

Ohrringe 9 cm lang; Brosche 9 cm hoch;
Armreif 13 cm im Durchmesser

Material

• *Ein Stück Fotokarton, 15 cm × 15 cm* • *2 Klipse für Ohrringe* • *Broschennadel (gibt es in Bastelläden)* • *Schere* • *Zeitungspapier: für Ohrringe 5 cm² große Stückchen; für Armreif 6 Streifen, 15 cm breit, eine Zeitungslänge lang, mehrere Stücke von 8 cm × 20 cm* • *Kreppband (für den Armreif, in 13 cm lange Streifen geschnitten* • *Kleisterschüssel* • *Tapetenkleister, angerührt* • *Pattex Kraft-Mix,* • *weiße Dispersionsfarbe* • *Straßsteine (aus dem Bastelladen)* • *Metallfolie (Bonbonfolie)* • *Klebestift oder Klebstoff* • *Gouachefarben: Spektralrot, Orangegelb, Gold* • *eventuell Juwelierzange* • *klarer Glanzlack* • *Haushaltspinsel für Dispersionsfarbe und Lack; Künstlerpinsel für Farben* • *Spiritus zum Pinselreinigen*

Techniken

Klipse und Nadeln mit Pattex Kraft-Mix auf die Pappe kleben. Ohrringe und Brosche mit zwei, Armreif mit drei Papierschichten kaschieren, jede für sich trocknen lassen. Möglichst zum Trocknen auf einem Kuchenrost ausbreiten, damit die Luft frei zirkulieren kann.

Straßsteine mit Pattex aufkleben. Für die Metallfolie Klebestift oder Flüssigklebstoff nehmen. Vor dem Ankleben die Folienstreifen etwas antrocknen lassen.

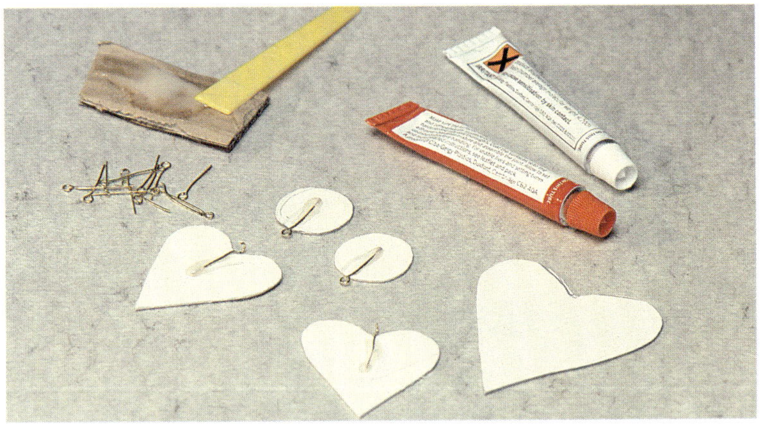

1 **Ohrringe und Broschen.** Formen für die Ohrringe ausschneiden – zwei Kreise von 2,5 cm Durchmesser, zwei 5 cm breite Herzen mit 6 cm Länge. Haken an den Kreis kleben, Öse oben ans Herz. Für die Brosche soll das Herz 8 cm breit und 9 cm hoch werden.

2 Beide Seiten der Stücke mit je einer Papierschicht bekleben, Haken und Ösen durchstechen. Papier um die Form herummodellieren, mit den Fingern oder Pappe zur Herzspitze hin. Trocknen lassen. Zweite Papierschicht auftragen.

Nach dem Trocknen weiße Dispersionsfarbe auftragen.

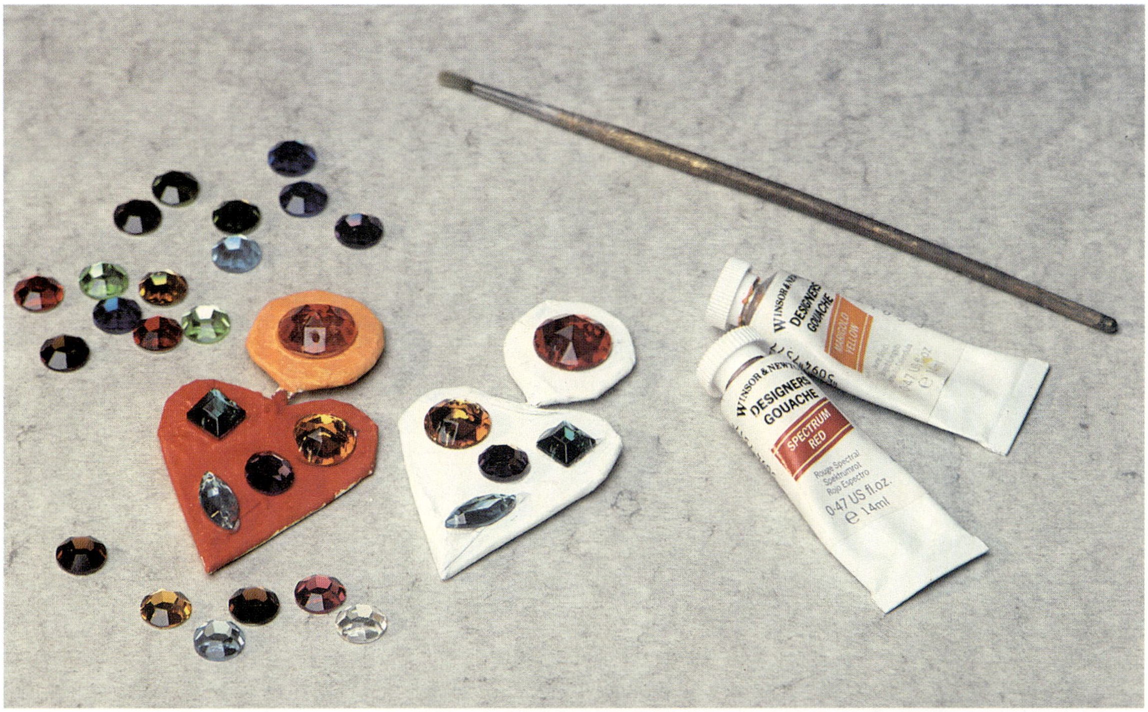

3 Formen mit Straßsteinen bekleben, dann vorn und hinten mit Hintergrundfarbe bemalen. Trocknen lassen.

4 Metallfolie in schmale Streifen schneiden, Rückseiten mit Klebestift bestreichen. Mit den Fingern um die Steine formen, in runde Form knicken und an den Ecken abschneiden. Falls nötig, die Ecken mit scharfem Messer versäubern. Goldverzierung aufmalen.

5 Mit spitzem Messer oder Nadel Farbreste aus Metallteilen entfernen. Beide Stücke zusammenfügen und Haken mit kleiner Schere oder Drahtzange schließen. Ein Tropfen Klebstoff an der Verbindungsstelle gibt mehr Sicherheit.

Verschlüsse und Nadel hinter Ohrringe und Brosche kleben und einmal lackieren.

Zeitung mehrmals der Länge nach falten und stramm zusammendrehen, dann zu einem Kreis biegen, der um Ihr Handgelenk paßt.

1 **Armreif.** Die langen Zeitungsstreifen an beiden Enden festhalten, mindestens dreimal stramm drehen und zum Kreis biegen. Über das Handgelenk halten. Dann in der passenden Größe zusammen- und mit Klebeband in Form halten.

Form mit gekleistertem Papier bedecken. Insgesamt drei Schichten auftragen, jeweils dazwischen trocknen lassen.

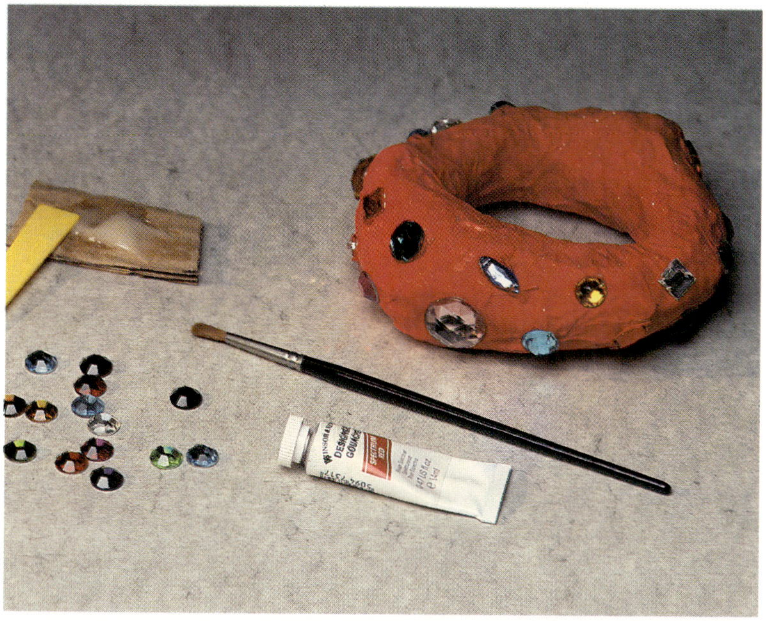

2 Der Armreif wird genauso verziert wie die Ohrringe und die Brosche. Tragen Sie weiße Dispersionsfarbe auf und lassen Sie sie trocknen. Kleben Sie die Steine auf, malen Sie den Hintergrund, kleben Sie Metallfolie auf und malen Sie die Goldverzierung. Zum Schluß lakkieren Sie den Reifen.

3 Kreieren Sie sich ein Set zusammenpassender Schmuckstücke, verwenden Sie die gleichen Straßsteine und Farben.

Vase

Julie Arkell

Die Grundform dieser Vase wurde um einen runden Ballon modelliert, der organische Rand entstand durch Schneiden einer Öffnung und Formung mit Papierstreifen. Ein prächtiger Zierat ist diese Vase dank ihrer Form und der aufwendigen und bunten Bemalung. Die merkwürdigen Gestalten und launigen Motive der Künstlerin sind nicht so leicht nachzumalen, vielleicht entwerfen Sie lieber eigene Schmuckmotive. Falls Sie die Vase einfarbig bemalen, eignet sie sich gut für Trockenblumen, die sonst die Verzierung nicht zur Geltung kommen lassen. Pappmaché ist nicht für Wasser geeignet, daher auch nicht für Schnittblumen.

Zum Bekleben des Ballons wurden ziemlich große Papierstücke verwendet, das ergab eine interessante Oberflächenstruktur und betont die Natur des Materials.

Höhe: 28 cm

MATERIAL

- *runder Ballon*
- *Bindfaden zum Aufhängen des Ballons*
- *Kleisterschüssel*
- *Tapetenkleister, angerührt, gerissene Zeitungsstreifen, ca. 8 cm × 13 cm* • *Schere*
- *weiße Dispersionsfarbe* • *Bleistift*
- *Gouachefarben: verschiedene Töne und Gold* • *Wasserglas und Palette* • *Glanzklarlack* • *Pinsel: Haushaltspinsel für Dispersion und Lack; Künstlerpinsel für Gouache;*
- *Spiritus zum Pinselreinigen*

TECHNIKEN

Ballon aufblasen, zubinden und auf großem Topf oder großer Schüssel während der Arbeit ruhen lassen.

Jede Papierschicht 24 Stunden vor dem Aufbringen der nächsten trocknen lassen. Große Temperaturschwankungen vermeiden, da sonst das Papier auf dem Ballon schrumpft. Vasenboden und -rand mit drei Schichten bekleben, jede einzeln trocknen lassen.

Das Bodenstück nach Augenmaß abschneiden oder Kugel in eine kleine Schüssel stellen und Linie markieren. Das abgeschnittene Stück kann als Hut für »Lady Kunterbunt« auf Seite 48 dienen.

Die Vasenöffnung muß groß genug für Ihre Hand sein, damit sie innen Dispersionsfarbe verstreichen können.

1 Ballon aufblasen und mit Papierstückchen bekleben, die möglichst viel überlappen. Falten glattstreichen. Sieben Schichten auftragen, jeweils die vorige trocknen lassen. Der Ballon hängt dabei an einem Faden.

2 Für den Vasenboden mit der Schere eine kleine Scheibe von der Pappmachékugel abschneiden. Ballon entfernen. Den Rand so lange bearbeiten, bis die Vase sicher steht.

3 Bodenloch mit drei Schichten gekleisterten Papierstreifen bekleben. Die Enden der Streifen unter einer Borte aus Papierstückchen verschwinden lassen.
Für die Vasenöffnung das kleine obere Loch mehrmals 8 cm tief diagonal mit der Schere einschneiden. Die Zacken dann vorsichtig mit der Hand herausdrücken.

4 Schnittflächen mit drei Schichten Papier bekleben, dabei die Form herausmodellieren und die Lücken zwischen den Zacken ausfüllen. So entsteht der Rand. Von außen nach innen arbeiten. Die Enden dieser Schichten innerhalb und außerhalb der Vase unter einer Borte aus kleinen Papierstückchen verschwinden lassen.

5 Nach dem Trocknen die Vase innen und außen mit weißer Dispersionsfarbe bemalen.

6 Mit Bleistift Konturen zeichnen und anmalen. Jede Schicht einzeln trocknen lassen.

7 Zum Schluß mit Klarlack behandeln.

Mobile

Julie Arkell

Dieses farbenfrohe Mobile mit den Regenbogenrändern ist nicht nur schön anzusehen. Hängt man es so auf, daß es Zugluft abbekommt, produziert es einen leisen, klirrenden, sanften Klang.

Im Bild ist eine ganze Reihe von Motiven: Hund, Sonne, Fisch, Clown und Herz. Sie können sich aber auch auf ein Motiv beschränken, z. B. Fische, die Sie dann verschieden gestalten.

Gesamthöhe: 28 cm ab Holzkreuz

MATERIAL

• Ein Stück Wellpappe, ca. 38 cm² • Filz- oder Bleistift • Schere • 11 Schraubösen • Pattex Kraft-Mix • 2 Vierkanthölzer, 2 cm² stark, je 15 cm lang • eventuell Handsäge für Hölzer • gerissene Zeitungsstreifen, ca. 5 cm × 8 cm • Kleisterschüssel • Tapetenkleister, angerührt • Drahtrost • weiße Dispersionsfarbe • verschiedene Gouachefarben • Klarlack • Pinsel für Dispersion und Lack; Künstlerpinsel für Gouache • 5 bunte Bändchen, je 30 cm lang

1 Mobile bereitlegen. Holz zuschneiden lassen oder mit Bügelsäge auf die gewünschte Länge bringen. Pappformen mit der Schere ausschneiden. Die Stücke sind 10–13 cm lang.

TECHNIKEN

Zum Verleimen der Hölzer und Befestigen der Schraubösen an den Pappteilen Pattex verwenden.

Kleister mit der Hand auf eine Seite des Papiers streichen. Holzkreuz und Mobileformen mit zwei Schichten kaschieren, jeweils 24 Stunden trocknen lassen. Zum Trocknen auf einem Drahtrost ausbreiten, damit die Luft zirkulieren kann.

2 Hölzer zum Kreuz übereinanderleimen. Fünf Schraubösen mit dem Stil zwischen die Wellpappe der Formen schieben und festkleben. Fünf Ösen in die Mitte und vier Enden des Holzkreuzes schrauben und eine sechste in die Mitte der anderen Kreuzseite.

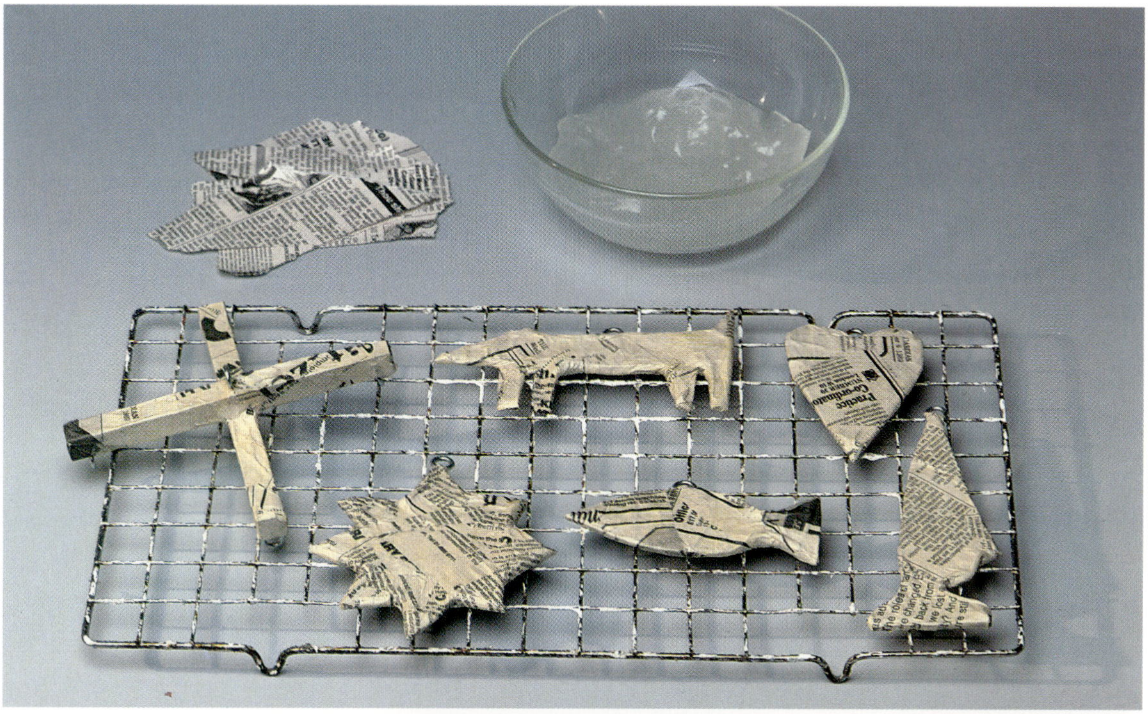

3 Holzkreuz und Pappformen mit zwei Schichten Papier bekleben, die Ösen freilassen. Zum Trocknen auf einen Drahtrost legen.

4 Holzkreuz und Formen mit weißer Dispersionsfarbe anmalen und trocknen lassen.

5 Malen Sie die Figuren mit Gouachefarben an und lassen Sie jede Schicht einzeln trocknen.

6 Nach dem Trocknen alle Figuren mit Glanzlack überziehen und wieder trocknen lassen. Dann das Mobile zusammensetzen: Die Bänder mit Doppelknoten befestigen, auf die jeweils erforderliche Länge schneiden. Das Mittelstück soll höher hängen als der Rest.

7 Das Mobile an einem Platz aufhängen, wo es leichtem Zug ausgesetzt ist.

& STORIES

Lady Kunterbunt

Julie Arkell

Diese Statuette wurde um einen länglichen Ballon modelliert. Für die »Taille« der Figur wurde er an der Stelle eingeschnürt. Die anderen Teile lassen sich später zufügen. Der Kopf entstand aus zusammengerolltem Zeitungspapier, die Arme wurden um Draht geformt, der durch den Körper führt. Der Hut entstand aus einer Scheibe, dem unteren Teil eines kaschierten runden Ballons. Für die Vase auf Seite 38 können Sie die abgeschnittene Kugel verwenden.

Weitere Anregungen zu dieser Arbeit finden Sie im Abschnitt »Galerie«. Beim Entwerfen Ihrer eigenen Modelle wählen Sie kühne und gewagte Muster für den besten Effekt.

Höhe: 53 cm

MATERIAL

• länglicher Ballon und runder Ballon • Bindfaden • Kleisterschüssel • Tapetenkleister, angerührt • gerissene Zeitungsstreifen, ca. 5 cm × 13 cm. Für die Rosen auf dem Hut 5 cm × 20 cm lange Streifen • Schere • galvanisierter Draht, 35 cm lang • Drahtzange • Kreppband • Streifen aus Klorollenpappe, 1 cm × 6 cm • Pattex Kraft-Mix • Bleistift • weiße Dispersionsfarbe • Gouachefarben: Blau, Spektralrot, Spektralgelb, Zinkweiß • Klarlack • Pinsel: Haushaltspinsel für Dispersion und Lack; Künstlerpinsel für Gouache • Spiritus zum Pinselreinigen

TECHNIKEN

Ballons aufblasen und zugebunden zum Ruhen auf einen flachen Untergrund legen. Kleister mit der Hand auf eine Seite des Papiers streichen.

Ballons in einem Türrahmen aufhängen und jede Papierschicht einzeln trocknen lassen, je 24 Stunden. Hitze und große Temperaturschwankungen vermeiden, da die Ballons sonst schrumpfen oder platzen.

Ballons mit fünf, den flachen Boden mit drei Papierschichten bekleben. Nach dem Einbau von Kopf und Armen das ganze Stück noch dreimal kaschieren. Wenn der Hut sitzt, eine letze Schicht über die ganze Puppe kleben.

Der Hals besteht aus einem Stück einer Toilettenpapierrolle. Den gebogenen Streifen mit Pattex zusammen- und auf den Rumpf kleben.

Blumen ebenfalls mit Pattex auf den Hut und diesen auf den Kopf kleben.

Dieses Objekt wird zweimal mit Dispersionsfarbe grundiert. Vor dem Auftragen der zweiten Grundierung die erste trocknen lassen.

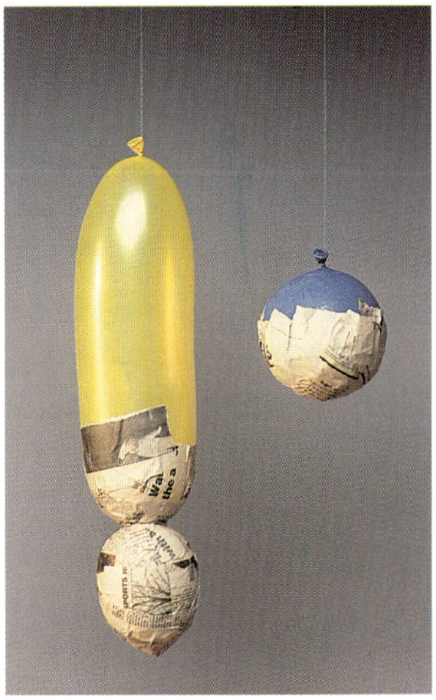

1 Länglichen Ballon aufblasen. Für die Taille einen Teil abdrehen und -binden. Einen runden Ballon für den Hut aufblasen.

Fünf Schichten Papier auf den länglichen Ballon auftragen, mit der ersten Schicht an der Taille beginnen. Fünf Schichten auf den runden Ballon kleben. Jede Schicht einzeln trocknen lassen.

2 Rundung des länglichen Ballons unten abschneiden, damit die Lady standfest wird. Das Papier dabei mit der Schere durchstechen. Den Ballon entfernen und den unteren Rand der Figur glätten.

Das Loch unten mit drei Schichten Papierstreifen bekleben, fest andrücken und glattstreichen. Nach dem Trocknen unter einer Borte kleiner Papierstückchen die Enden verschwinden lassen.

3 Mit spitzer Schere in beide Seiten ein Loch für die Arme bohren, etwa 4 cm von oben. Draht durch den Körper fädeln, rund biegen und in Taillenhöhe mit Klebeband zusammenfügen.

Für den Hals Pappstreifen zu einem Ring mit 2 cm Durchmesser kleben, oben auf den Ballon kleben.

Für den Kopf zerknülltes, gekleistertes Papier zu einer kleinen Kugel formen. Auf den Hals setzen. Brüste aus kleineren Papierkugeln an den Körper kleben.

4 Die ganze Figur, auch die Drahtarme, mit einer Zeitungsschicht kaschieren. Nach dem Trocknen zwei weitere Schichten kleben, jeweils trocknen lassen.

Umriß für den Hut auf dem runden Ballon markieren und mit der Schere ausschneiden. Dieser hier hat 11 cm Durchmesser.

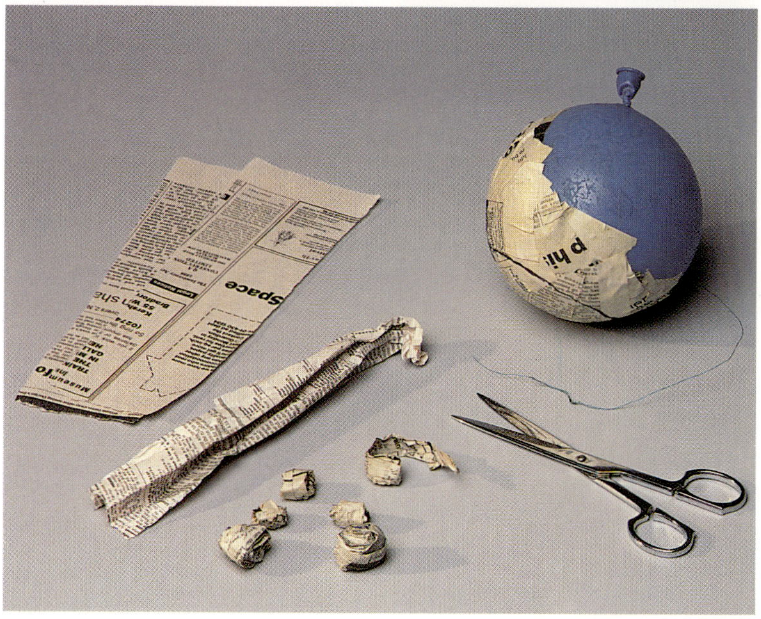

5 Für die Rosen Spiralen formen. Einen Papierstreifen einkleistern, in der Hand zerknüllen und zu mehreren Spiralen drehen. Trocknen lassen.

6 Die getrockneten Spiralen halbieren (jede ergibt zwei Rosen) und mit der flachen Seite auf den Hut kleben.

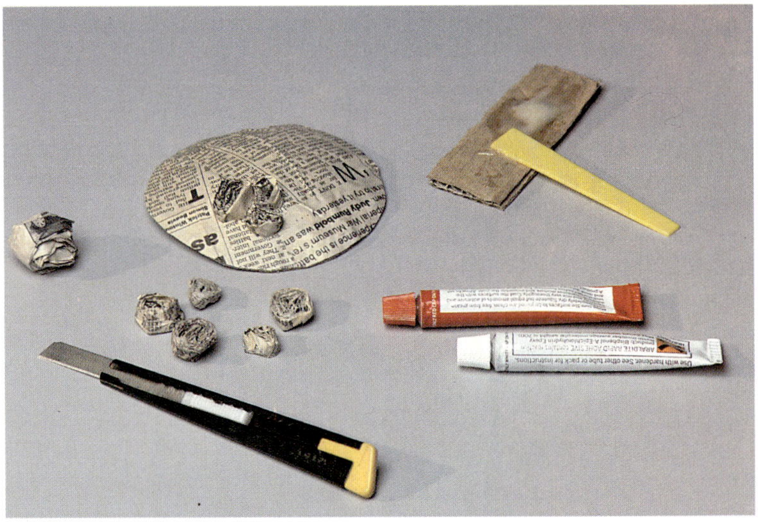

7 Den Hut mit Pattex Kraft-Mix oder Bindulan am Kopf festkleben. Trocknen lassen.

Den ganzen Körper, auch den Hut, mit einer letzten Papierschicht bekleben, die Rosen jedoch nicht.

8 Nach dem Trocknen zwei Schichten weiße Dispersionsfarbe auftragen, jede für sich trocknen lassen.

9 Malen Sie zuerst die roten und blauen Teile der Kleidung, dann den Hut und die Blumen und das Gesicht. Trocknen lassen.

10 Jetzt malen Sie die gelben Streifen und die weißen Tupfer und lassen vor dem Lackieren die Farbe trocknen.

Schale mit Fuß

Marion Elliot

Diese herrliche Schale ist stabil genug, um Obst zu halten. Die Form ist klassisch und symmetrisch. Zum Verzieren wurden natürliche Muster gewählt, die gut zu runden Formen passen. Der breitere Rand am Fuß gibt der Schale Ausgewogenheit, sowohl optisch als auch tatsächlich.

Der obere und untere Rand und das Verbindungsstück zwischen Ober- und Unterteil wurden durch Wülste aus Papiermasse verstärkt, was dem Objekt ein stabileres Aussehen verleiht und keramische Formen nachahmt.

Die Farben wählen Sie nach eigenem Geschmack, vielleicht auch die Schmuckmotive. Die dicken schwarzen Konturen zeugen von dem Interesse der Künstlerin an frühen englischen Holzschnitten. Sie sind mit wasserfester Tusche gezogen.

Höhe: 14 cm; Durchmesser 22 cm

Material

- *Kaschierform, hier eine Schüssel, ∅ 22 cm, Höhe 9 cm* • *kleine Form für den Fuß, hier eine Auflaufform, ∅ 10 cm, Höhe 5 cm. Der Boden sollte breiter sein als der Rand.* • *Vaseline* • *Kleisterschüssel*
- *Tapetenkleister, angerührt* • *gerissene Zeitungsstreifen, 2,5 cm breit, Länge wie eine Schüsselseite und 2,5 cm zum Überlappen (für die Wülste, vgl.* Techniken) • *stumpfes Messer*
- *Schere* • *Sandpapier (mittel- und feingekörnt)* • *PVA-Holzleim* • *Dispersionsfarbe* • *Bleistift*
- *Gouachefarben: Türkis, Spektralrot, Cadmiumgelb und Zinkweiß* • *Wasserglas und Palette*
- *wasserfeste schwarze Tusche* • *klarer Glanzlack* • *Pinsel: Haushaltspinsel für Emulsion und Lack; Künstlerpinsel für Gouache und Tusche*
- *Spiritus zum Reinigen des Lackpinsels*

Techniken

Gekleistertes Papier kreisförmig um die Schüssel kleben, in der Mitte anfangen. Acht Schichten in einem Arbeitsgang aufbringen. Möglichst verschiedenfarbiges Zeitungspapier nehmen, um die einzelnen Schichten zu unterscheiden.

Mindestens zwei Tage trocknen lassen: Mit stumpfem Messer Pappmachéform aus der Schüssel lösen. Löst es sich schwer, noch einen Tag in der Schüssel lassen. Nach dem Herauslösen einen weiteren Tag trocknen lassen.

Nach der Herstellung der Wülste für den oberen und unteren Rand und dem Zusammenfügen von Ober- und Unterteil einen Tag trocknen lassen.

Für die Papierwülste Zeitungspapier von 2,5 cm×26 cm beidseitig einkleistern, zweimal auf die Hälfte falten, zerknüllen und mit der Hand zu Rollen formen. Die Wülste werden mit 1 cm breiten Papierstreifen mit gewünschter Länge festgeklebt.

Nach dem Zusammenleimen von Schale und Fuß mit PVA-Kleber (z. B. Ponal) zwei Stunden trocknen lassen.

Wasserfeste Tusche ermöglicht Korrekturen der Umrisse, ohne die Farben zu verwischen, was bei Verwendung von schwarzer Gouache passieren kann. Zum Korrigieren die Tusche trocknen lassen und die Stelle mit weißer Gouache oder Deckweiß übermalen. Dann Hintergrundfarbe neu auftragen und Kontur in Schwarz nachziehen.

1 Fetten Sie beide Formen von innen und am äußeren Rand mit Vaseline ein. Kaschieren Sie die Innenseiten beider Schüsseln mit acht Schichten in einem Gang, am Rand sollen die Streifen 2,5 cm überlappen.

Dann mit kleineren Papierstückchen eine verstärkende Borte in die Innenränder der Schalen kleben, um die Streifenenden zu verdecken. An den Rändern drücken Sie das Papier fest nach unten. Die überlappenden Stücke sollen abstehen.

2 Entfernen Sie die Formen aus den Schüsseln und schneiden Sie die Kanten mit der Schere, danach bedecken Sie die Kanten mit kleinen gekleisterten Papierstückchen.

Reiben Sie die Oberflächen beider Schalen mit Sandpapier schön glatt. Zuerst nehmen Sie Sandpapier mit mittlerer, dann welches mit feiner Körnung.

3 Formen Sie Ränder für die Schale und den Fuß aus kleinen Zeitungspapierwülsten.

Legen Sie zwei Wülste unter die geglättete Kante der Schale. Mit einer Hand halten Sie diese fest, mit der anderen kleben Sie ein Ende eines langen Papierstreifens auf den äußeren Schalenrand und über den Wulst. Dann reißen Sie ihn ab, so daß er in der Schale klebt. Arbeiten Sie den ganzen Rand so und bekleben ihn mit einer zweiten Schicht. Genauso arbeiten Sie den Fußrand.

Überdecken Sie die Streifen mit einer Borte aus kleinen Papierstückchen, die Sie parallel von innen und außen an die Schalenränder kleben. Einen Tag trocknen lassen.

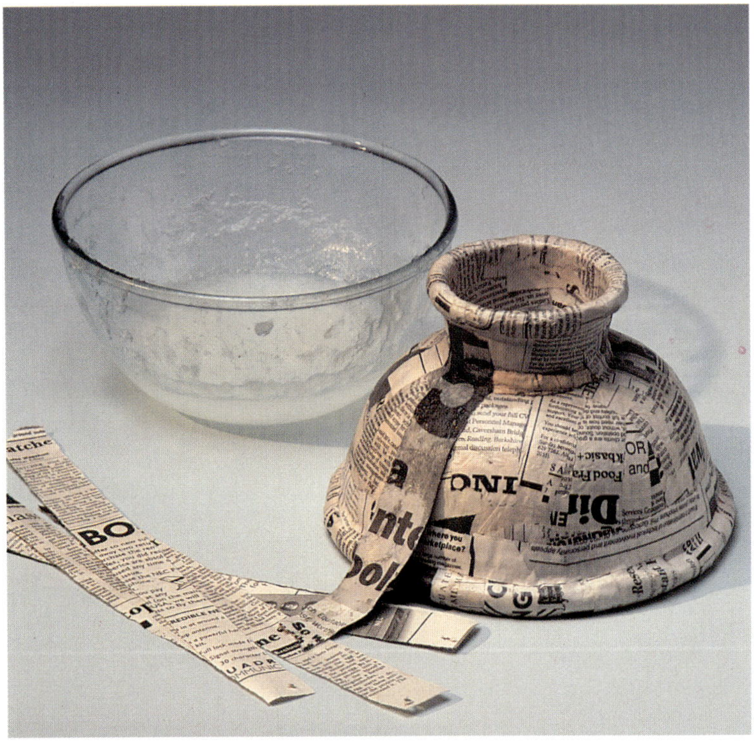

4 Ober- und Unterteil zusammenkleben und trocknen lassen.

Für eine glatte Kontur der Nahtstelle wieder Papierwülste anbringen. Der erste Wulst wird fest in die Naht gedrückt und bildet mit dem zweiten eine leichte Welle. Wieder mit kleinen Papierstreifen bedekken, dieses Mal drei Schichten auftragen. Schale zwei Tage trocknen lassen.

5 Vaselinereste mit Watte und eventuell mit Spiritus entfernen, dann zwei Schichten weiße Dispersionsfarbe auftragen, jeweils trocknen lassen. Nach dem Trocknen Schmuckmotiv mit Bleistift auf der Schale anzeichnen.

6 Farben schichtweise auftragen, mit der hellsten beginnen und mit der dunkelsten abschließen.

Gelb, Blau und Rot mit etwas Weiß mischen, um »Zwischentöne« zu bekommen. Die Flächen entsprechend ausmalen.

7 Nach dem ersten Farbauftrag mindestens eine Stunde warten. Dann die dunkleren Gelb-, Blau- und Rotflächen ausmalen.

Trocknen lassen. Wenn die Schale ganz trocken ist, die Konturlinien mit schwarzer wasserfester Tusche und einem feinen Pinsel ziehen.

Trocknen lassen.

Drei Glanzlackschichten auftragen, jede einzeln trocknen lassen.

Spiegel

Marion Elliot

Modellierform für diesen Spiegelrahmen war ein Tablett. Das Muster soll die Strahlen der Sonne darstellen. Die Schmucksteine wurden über Formen aus Modelliermasse gefertigt.

Sie können auch einen quadratischen oder rechteckigen Rahmen wählen und den Spiegel passend zum Rahmen schneiden lassen. Jedenfalls sollte der Spiegel relativ klein sein, um Probleme beim Leimen und Aufhängen zu vermeiden. Den Spiegel lassen Sie besser zuerst zuschneiden, wenn Sie mit der Einfassung fertig sind, um eine wirklich gute Paßform zu gewährleisten. Lassen Sie sich die Kante auch gleich schleifen. Das sieht besser aus, und Sie verletzen sich nicht.

Die Goldfolie bildet einen guten Übergang vom Spiegel zum Rahmen. Statt Blattgold können Sie auch Metallfolie verwenden, das ist eine preiswerte und effektvolle Alternative. Doch natürlich spricht auch nichts gegen traditionellere Materialien.

Durchmesser: 33 cm

Material

Ein Tablett zum Kaschieren (hier ∅ 33 cm, Rand 2,5 cm) • Vaseline • Modelliermasse für Schmucksteine • Kleisterschüssel • Tapetenkleister, angerührt • gerissene Zeitungsstreifen, 2,5 cm breit, lang genug zum Bedecken des Tabletts • Schere • Teppichschneider • PVA-Holzleim (z. B. Ponal) • Kreppband • weiße Dispersionsfarbe • Bleistift • Gouachefarben: Spektralrot, Spektralgelb, Smaragdgrün, Türkis, Violett und Zinkweiß • wasserfeste schwarze Tusche • Gold- oder Metallfolie zum Einfassen eines Randes von 17 cm ∅; in 10 cm lange gebogene Streifen schneiden • Löffel • Klebstoff • klarer Glanzlack • zugeschnittener Spiegel, hier mit 17 cm ∅ und geschliffener Kante • Spiegelaufhänger aus Metall • schnelltrocknender Epoxidharz (Pattex Kraft-Mix)

Techniken

Papierstreifen beidseitig einkleistern und Tablettoberseite damit kaschieren, von der Mitte aus zu den Seiten hin arbeiten. Die Streifen sollen einander leicht überlappen und je 2,5 cm über den Tablettrand abstehen (wird später abgeschnitten). Die zweite Schicht im rechten Winkel zur ersten kleben, auch die anderen sieben Schichten jeweils winkelversetzt kleben. Zwei Tage trocknen lassen.

Schmucksteine mit Ponal auf den Rahmen kleben und bis zum Trocknen mit Kreppband sichern.

Mit Löffelunterseite vorsichtig die Folie in Form biegen, dann mit Klebstoff bestreichen. Ein paar Minuten antrocknen lassen, dann auf den Rahmen kleben.

Spiegel und Aufhänger mit Pattex Kraft-Mix zusammenkleben und während des Trocknens beschweren.

1 Die Tablettinnenfläche mit Vaseline einfetten, auch ein gutes Stück über den Rand hinweg. Mit acht Schichten Kleisterpapier in einem Arbeitsgang kaschieren, dabei Schichten winkelversetzt kleben. Zuerst innen im Rand eine Reihe kleben.

Die Papierform zwei Tage trocknen lassen und dann mit stumpfem Messer vom Tablett abheben. Noch einen Tag liegend trocknen lassen.

Bis auf 1 cm vom Rand zurückschneiden. Die Schnittkante mit kleinen gekleisterten Papierstückchen einfassen.

2 Die »Schmucksteine« sollten zur gleichen Zeit gefertigt werden wie die Kaschierarbeit mit dem Tablett. Fünf ovale Formen aus Modelliermasse herstellen und mit Vaseline beschmieren.

Jede mit fünf Schichten gekleisterten Papierstückchen kaschieren und zwei Tage trocknen lassen.

Durch das Papier mit dem Messer halbieren und Modellierform entfernen. Jede Hälfte wird ein Schmuckstein.

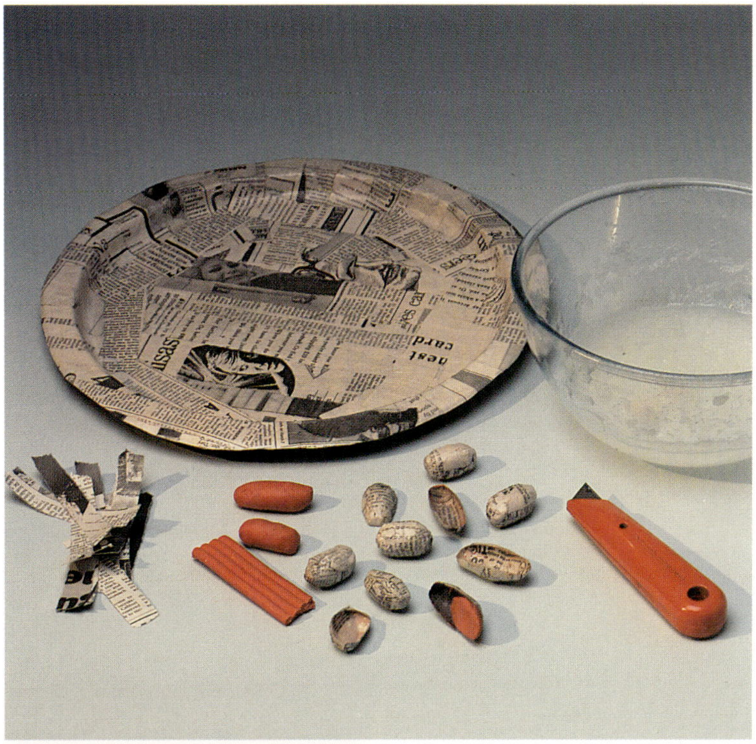

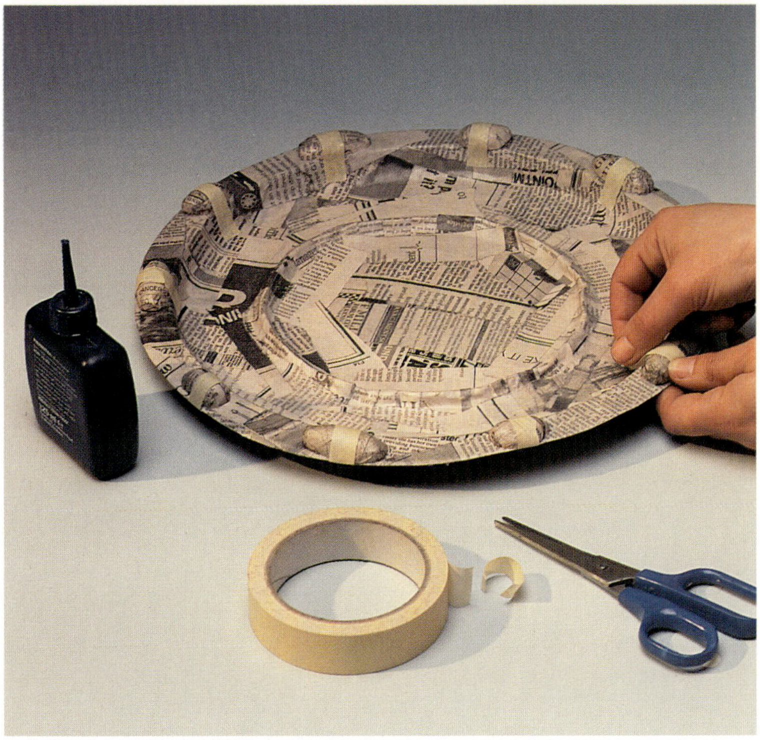

3 Mit dem Zirkel einen Kreis schlagen, um die Lage der Spiegeleinfassung zu markieren. Mehrere Papierwülste (wie in »Schale mit Fuß« beschrieben) um den Kreis herumkleben. Mit den Fingern die Wülste so formen, daß sie zur Mitte hin spitz sind. Mit zwei Schichten kleiner Papierstückchen kaschieren. Eine Nacht trocknen lassen. Den inneren Durchmesser des Kreises ausmessen und einen passenden Spiegel kaufen.

Die »Steine« in gleichmäßigen Abständen auf den Rahmen kleben und bis zum Trocknen mit Klebeband sichern.

4 Zwei Schichten weiße Dispersionsfarbe auftragen, jeweils trocknen lassen. Danach das Schmuckmotiv mit dem Bleistift anzeichnen.

5 Das Verzieren wird hier in vier Stufen gezeigt: Zeichnen, Grundieren, Übermalen, Konturentuschen. Jede Schicht einzeln trocknen lassen. Vor dem Auftragen des Klarlacks über Nacht trocknen lassen.

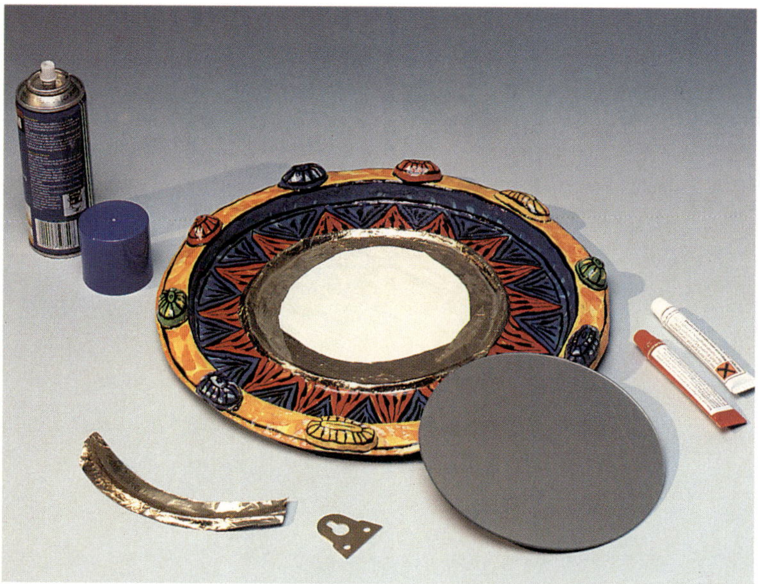

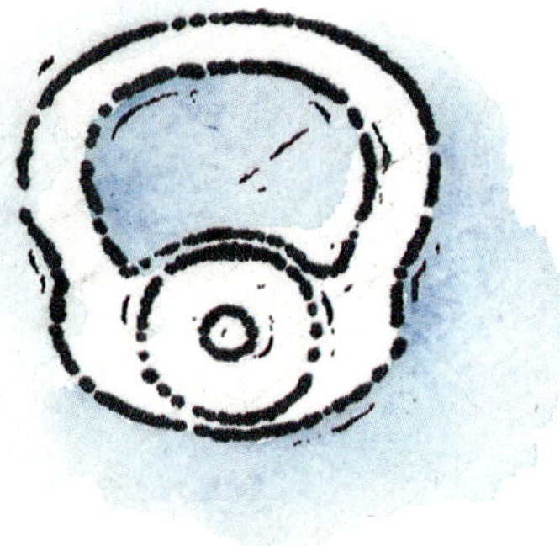

Vor dem Aufhängen an der Wand prüfen, ob der Aufhänger fest auf der Spiegelrückseite sitzt.

6 Goldfolienstreifen zurechtschneiden und um die Einfassung herumformen. Festkleben.

Das ganze Objekt noch einmal mit Klarlack behandeln und trocknen lassen, dann den Spiegel auf den Rahmen kleben, Aufhänger an der Rückseite festkleben.

7 Der Aufhänger muß ganz fest und sicher kleben, bevor Sie den Spiegel aufhängen.

HOME SEWING AID ONLY
DEAN
inch
CHAIN COTTON

Schmuckschatulle

Marion Elliot

Dieser farbenprächtige Kasten mit dem lustigen Vogel als Griff dient der Aufbewahrung von Schmuck, Nähutensilien, Ansichtskarten oder anderen Schätzen. Die Pappkonstruktion ist ganz einfach: Die Kante an der Deckelunterseite hält den eigentlich losen Deckel an seinem Platz; der Vogel und die Halbkugeln entstanden aus Modelliermasse.

Statt einen Kasten zu bauen, können Sie auch einen alten Karton oder eine Holzkiste kaschieren und zu neuem Leben erwecken. Zwei oder drei Schichten auftragen und nach den folgenden Anleitungen für dreidimensionale und gemalte Dekoration arbeiten.

Höhe: 16 cm

Material

- *Ein Stück Wellpappe, 38 cm² groß* • *Teppichschneider und Schere* • *PVA-Holzleim* • *Kreppband* • *Klebeband* • *Zeitungsstreifen* • *Kleisterschüssel* • *Tapetenkleister, angerührt* • *Modelliermasse* • *Vaseline* • *weiße Dispersionsfarbe* • *Blei- oder Filzstift* • *verschiedene Gouachefarben* • *wasserfeste schwarze Tusche* • *Klarlack* • *Pinsel: für Dispersion und Lack Haushalts-, für Gouache Künstlerpinsel*

Techniken

Pappteile mit Ponal zusammenleimen und mit Kreppband sichern. 24 Stunden trocknen lassen. Dann Kreppband lösen und durch Klebeband ersetzen. Ponal auch zum Zusammenfügen des Vogels und zum Aufkleben des Vogels und der Halbkugeln auf die Schatulle verwenden. Damit sich die Vogelhälften nicht verziehen, sofort nach dem Ablösen von der Form zusammenkleben.

Jeweils eine Papierschicht mit 2,5 cm überlappenden Rändern kleben und Schichten mit versetzten Winkeln arbeiten.

Beim Bemalen des Kastens die beiden Teile getrennt hinlegen. Innenseiten mit einer Farbe bemalen.

Diese Schablonen zeigen Ihnen, welche Formen Sie für dieses Bastelobjekt aus Pappe schneiden.

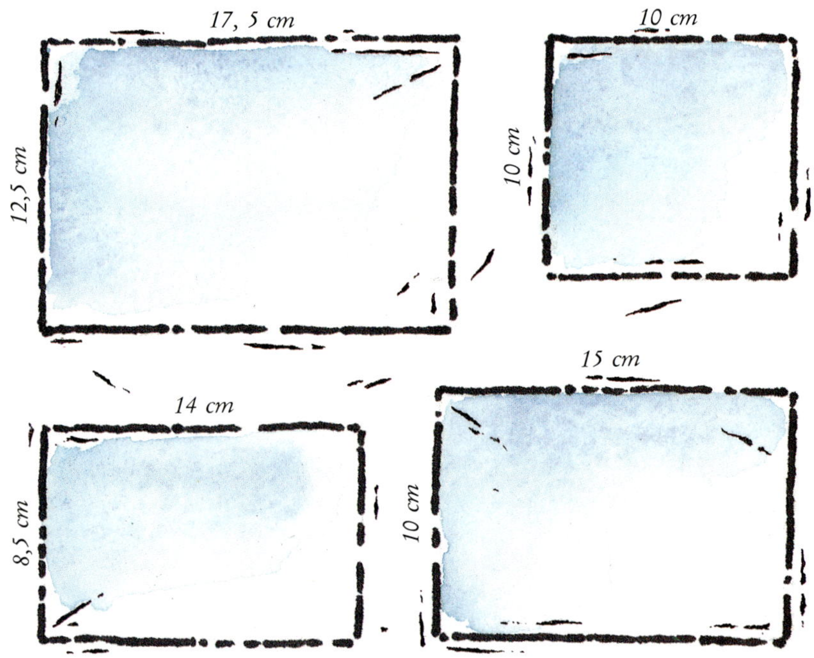

1 Schablonen aus Wellpappe ausschneiden, für den Deckel und den Boden zwei Teile à 17,5 cm × 12,5 cm, zwei lange Seitenteile à 15 cm × 10 cm und zwei Quadrate von 10 cm × 10 cm für die kleinen Seitenwände, außerdem für den Deckelinnenrand.

Alle Teile mit verdünntem PVA-Kleber versiegeln und vor dem Zusammensetzen trocknen lassen.

2 Den Kasten wie folgt zusammenbauen: Eine Längsseite 1 cm vom Rand entfernt auf dem Boden festleimen. Bis zum Trocknen mit Kreppband sichern. Dann die beiden Querseiten, zum Schluß die zweite Längsseite festleimen. Nach dem Trocknen das Kreppband entfernen und die Verbindungskanten mit Klebestreifen verstärken.

3 Kleineres Deckelstück auf die Mitte des größeren leimen und mit Klebestreifen befestigen. Dann mit drei Schichten gekleisterter Papierstreifen kaschieren, jeweils winkelversetzt. Auch den Boden mit drei Schichten bekleben. Zwei Tage trocknen lassen.

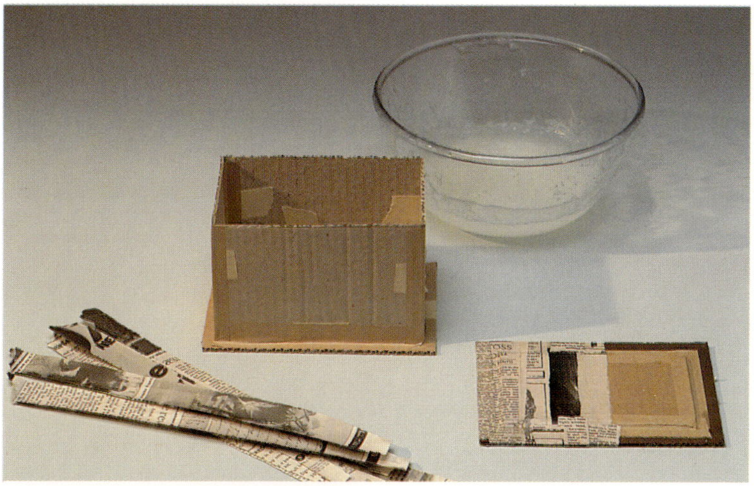

4 Mit den Fingern Formen für die Kugeln und den Vogel aus Modelliermasse fertigen. Mit Vaseline beschmieren und mit je fünf Schichten gekleistertem Zeitungspapier kaschieren. Zwei Tage trocknen lassen.

5 Fertige Formen durch das Papier halbieren und Modelliermasse entfernen. Die beiden Vogelhälften aus Papiermaché wieder zusammenkleben. Naht mit kleinen Papierstreifen kaschieren.

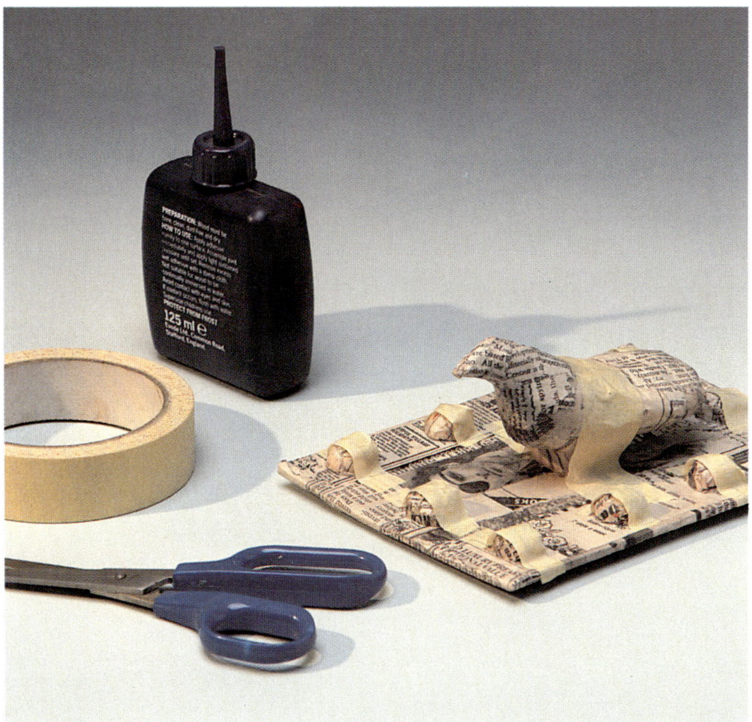

6 Halbkugeln und Vogel auf den Deckel kleben und bis zum Trocknen mit Kreppband sichern.

Auch die Seitenwände mit Halbkugeln bekleben. Eine Schicht kleiner Papierstreifen an den Nahtstellen zwischen Kasten- und plastischen Teilen aufkleben, so werden die Übergänge fließend. Trocknen lassen.

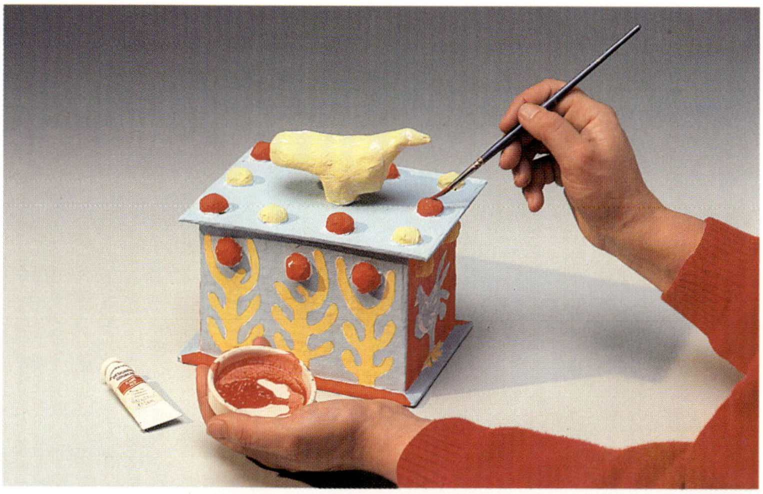

7 Den Kasten von innen und außen, den Deckel von beiden Seiten mit je zwei Schichten weißer Dispersionsfarbe bemalen, jede für sich trocknen lassen. Nach der Dekoration aufzeichnen, dann folgen grobe Grundierung, Übermalung und das Konturenzeichnen mit schwarzer Tusche. Zwischen jedem Farbauftrag trocknen lassen.

8 Zum Schluß dreimal Klarlack auf Kasten und Deckel aufbringen.

Katzenmaske

Marion Elliot

Die lächelnde Katze mit den erschreckten Augen, gespitzten Ohren und geblähten Nüstern ist dem unverwechselbaren Stil balinesischer Geistermasken nachempfunden. Vielleicht lassen Sie sich durch andere Tiere zu eigenen Entwürfen anregen.

Dieses Stück wurde als Wandschmuck entworfen, ist jedoch leicht genug, um getragen zu werden. Falls Sie sie aufsetzen wollen, passen Sie die Maße Ihrem eigenen Gesicht an und schneiden Sie Löcher für die Augen.

Diese Arbeit erfordert ein gewisses Maß an Geschicklichkeit im Modellieren, da die Form aus Modelliermasse gefertigt wird. Aber lassen Sie sich nicht abschrecken. Die Zeichnung dient Ihnen als Hilfe für Proportionen und Umrisse. Wie modelliert wird ist zweifarbig abgebildet, damit Sie jedes Detail gut erkennen.

Höhe: 30 cm; Breite: 16 cm

Material

Papier, Bleistift, Lineal, Bindfaden zum Ausmessen und Zeichnen der Form • Modelliermasse: ca. 2 kg • gerissene Zeitungsstreifen, verschieden lang, 2,5 cm breit • Kleisterschüssel • Tapetenkleister, angerührt • Schere • Papiermesser • Watte • weiße Dispersionsfarbe • Gouachefarben • wasserfeste schwarze Tusche • klarer Glanzlack • Pinsel: Für Dispersion und Lack Haushalts-, für Gouache und Tusche Künstlerpinsel • Polsternadel, Hämmerchen und Stopfnadel oder kleiner Handbohrer • galvanisierter Draht für Schnurrhaare, 61 cm lang, 6 gleichlange Stücke schneiden • Drahtzange • 30 cm langes schwarzes Gummiband

Techniken

Um die Maskenmaße Ihrem Gesicht anzupassen, messen Sie Länge und Breite Ihres Gesichts (von der Stirn zum Kinn und von einem Ohr zum andern) sowie die Lage von Augen, Nase und Mund. Mit Lineal oder Bindfaden messen, dabei den Gesichtsumrissen folgen und sie auf Papier übertragen. Lage der Gesichtsteile darauf markieren, Skizze anpassen.

Die Löcher für das Gummi sollten mindestens 1,5 cm Abstand zum Rand haben und direkt neben den Ohren liegen.

Die Schnurrhaare sind ziemlich scharf, daher bei Masken zum Tragen lieber weglassen.

Modelliermasse auf nichthaftender Unterlage verarbeiten. Skizze als Schablone auf die Modelliermasse legen und mit Kugelschreiber Umrisse und Gesichtszüge durchstechen.

Soll die Maske getragen werden, Augen weglassen, entsprechende Stellen bleiben flach.

Das Kaschieren der Modellierform ist äußerst knifflig, daher genau darauf achten, daß gleichmäßig acht Schichten geklebt werden. Für die Ecken winzige Papierfetzen reißen. Es empfiehlt sich die Verwendung zweier verschiedener Zeitungsfarben. Streichen Sie das Papier glatt, um überschüssigen Kleister und Luftblasen zu entfernen, jeweils nach Beendigung einer Schicht.

Vier Tage lang an einem warmen, luftigen Platz trocknen lassen. Mit stumpfem Messer die Seiten abheben. Nur weitermachen, wenn sich das Papier leicht löst. Sonst noch einen Tag trocknen lassen. Nach dem Ablösen aus der Form einen weiteren Tag trocknen lassen.

Insgesamt dreimal lackieren, zweimal vor dem Bohren der Löcher, einmal danach.

Zeichnen Sie den Umriß der Maske grob vor, bis Sie damit zufrieden sind. Dann ziehen Sie ihn mit Tusche nach und vergrößern den Maßstab.

1 Wenn Sie die Maske als Wandschmuck arbeiten wollen, vergrößern Sie diese Zeichnung mit einem Fotokopierer auf 30 cm Höhe und 16 cm Breite oder mit Hilfe eines Maßstabgitters. Wollen Sie die Maske tragen, folgen Sie der Anleitung im obigen Abschnitt »Techniken«.

2 Aus Modelliermasse formen Sie das Gesicht in den Grundproportionen – Mindesttiefe 5 cm in der Mitte, nach oben, unten und zu den Seiten hin flacher werdend. Formen Sie die Reliefteile mit den Händen. Nach Bedarf abschneiden oder mehr hinzufügen. Erhabene Teile aus Kugeln und Schnecken arbeiten. Die Teile bis zu 10 cm an den höchsten Punkten hoch werden lassen (die Nase zum Beispiel). Wenn Sie zufrieden sind mit Ihrem Werk, schmieren Sie die Modelliermasse satt mit Vaseline ein.

3 Die Form mit acht Schichten gekleisterter Zeitungsstreifen in einem Arbeitsgang kaschieren. Völlig austrocknen lassen.

Die Maske von der Form lösen und mit der Schere den Rand beschneiden. Die Kanten mit einer Schicht kleiner gekleisterter Papierstückchen einfassen.

Wollen Sie die Maske tragen, schneiden Sie die Augenlöcher mit einem Papiermesser, dann verstärken Sie die Augenränder mit einer Schicht Papierstückchen.

Augenränder trocknen lassen. Dann Innen- und Außenseite der Maske glätten, zuerst mit Sandpapier mittlerer, später feinerer Körnung.

4 Überschüssige Vaseline mit Watte und Spiritus entfernen, damit die Innenseite der Maske Farbe aufnehmen kann. Zweimal mit weißer Dispersionsfarbe von beiden Seiten bemalen, dazwischen trocknen lassen.

Mit dem Bleistift Details des Gesichts anzeichnen.

5 Erster Farbauftrag. Nach dem Trocknen weitere Farbschichten auftragen. Die Gesichtszüge und -details mit wasserfester schwarzer Tusche zeichnen. Die Innenseite der Maske mit einer passenden Farbe anmalen.

Nach dem Trocknen Glanzlack auftragen, jede Schicht einzeln trocknen lassen.

6 Löcher für das Gummiband und die Schnurrbarthaare bohren. Dazu einen Stift mit einem Hämmerchen vorsichtig in die Innenseite der Maske treiben. Die Löcher mit einer Stopfnadel vergrößern. Man kann auch einen Handbohrer benutzen. Beschädigte Stellen mit Farbe ausbessern und nochmal lackieren.

Das Gummiband von außen nach innen durch die Löcher fädeln und an der Innenseite fest verknoten.

Mit einer Drahtzange die Enden der Schnurrhaare zu Schlaufen biegen. Die Drähte von innen nach außen durch die Maske schieben. Die Schlaufen an der Innenseite mit Isolierband festkleben.

7 Mit Fingern oder Zange die Schnurrhaare in Zickzackform biegen, als krönenden Abschluß.

Gliederpuppe

Deborah Schneebeli-Morrell

Dieses bodenständige Figürchen ist den traditionellen Pappmachépuppen der Bauern im heutigen Mexiko nachempfunden. Die Künstlerin hat die Frische von Design und Dekor wiedererstehen lassen, doch mittels moderner Techniken einige Änderungen vorgenommen. Die Mexikaner befestigen die Glieder mit Bindfaden am Körper, hier sorgt ein Gummiband für bessere Bewegungsmöglichkeit. Die Intensität und Brillanz der gemischten Rohpigmente der Originale wurde hier durch leuchtende Acrylfarben nachgeahmt. Ein Schutzfilm aus Mattlack imprägniert die Oberflächenbemalung und ist wischfest. Daher kann man die Puppe anfassen und mit ihr spielen.

Sie können eine ganze Familie in verschiedene Größen kreieren, eine 15 cm hohe Puppe würde in das später beschriebene Puppenhaus maßstabgerecht passen.

Höhe: 26 cm

MATERIAL

• Modelliermasse: 1 kg • gerissene quadratische Papierfetzen à 5 cm² • Kleisterschüssel • Tapetenkleister, angerührt mit PVA-Füllzusatz • Papiermesser • PVA-Holzleim • Kreppband • fertiger Acrylgesso • Acrylfarbe • matter Acryllack • Pinsel: mittlere Künstlerpinsel für Gesso, Lack und Hintergrundfarbe; kleinere für Details • dickes schwarzes Hutgummi, 45 cm lang • Polster- oder lange Stopfnadel

TECHNIKEN

Das Einfetten der Modellierform mit Vaseline ist zu empfehlen, obwohl die Masse eigenes Fett enthält und sich das Papier von kleineren Formen leicht lösen läßt.

Bei vorsichtigem Lösen des Pappmachés lassen sich die Formen wiederverwenden. Schnittstellen glattstreichen.

Ein bißchen PVA dem Kleister zusetzen, das erhöht die Klebekraft. Verschiedenfarbiges Zeitungspapier verwenden, um die einzelnen Schichten erkennen und gleichmäßig arbeiten zu können. Papier beidseitig einkleistern und mehrere Stücke um den Schüsselrand legen. Ein paar Minuten vor dem Aufkleben so einweichen. Sechs Schichten auf einmal arbeiten und zwei Tage trocknen lassen oder über Nacht im Trockenschrank.

Nach dem Ablösen der Pappmachéformen beide Hälften mit Ponal zusammenleimen. Das muß sofort geschehen, da das Papier sich sonst zusammenziehen kann.

1 Mit den Händen die Stücke für die Modellierformen aus Modelliermasse herstellen. Kopf und Rumpf in einem Stück arbeiten, außerdem linke und rechte Arme und Beine. Der Körper samt Kopf mißt 17 cm, die Arme sind 9 cm und die Beine 11 cm lang.

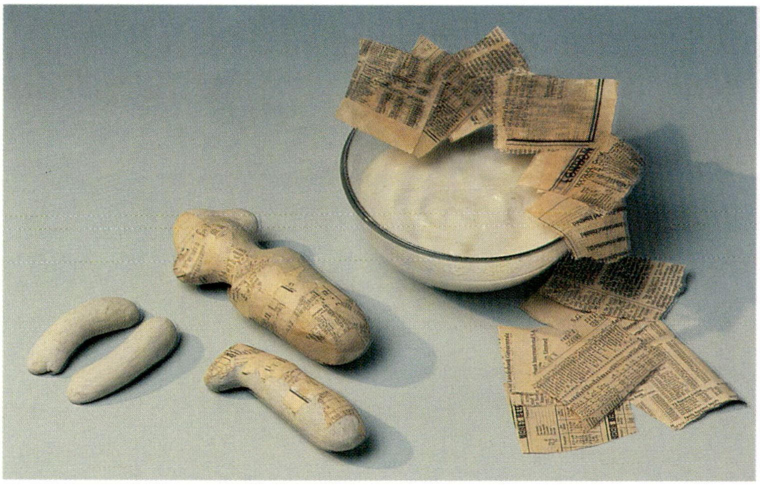

2 Sechs Schichten gekleisterte Papierstückchen aufbringen, nach Bedarf kleinere nehmen für eine glattere Oberfläche. Zwei Tage lang trocknen lassen.

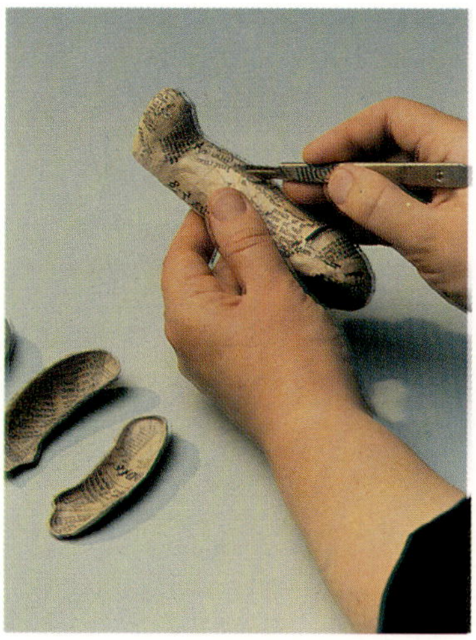

3 Zum Ablösen der Pappmachéformen mit einem Papiermesser tief in die Modelliermasse schneiden, um die Seiten des Körpers und der Glieder herum.

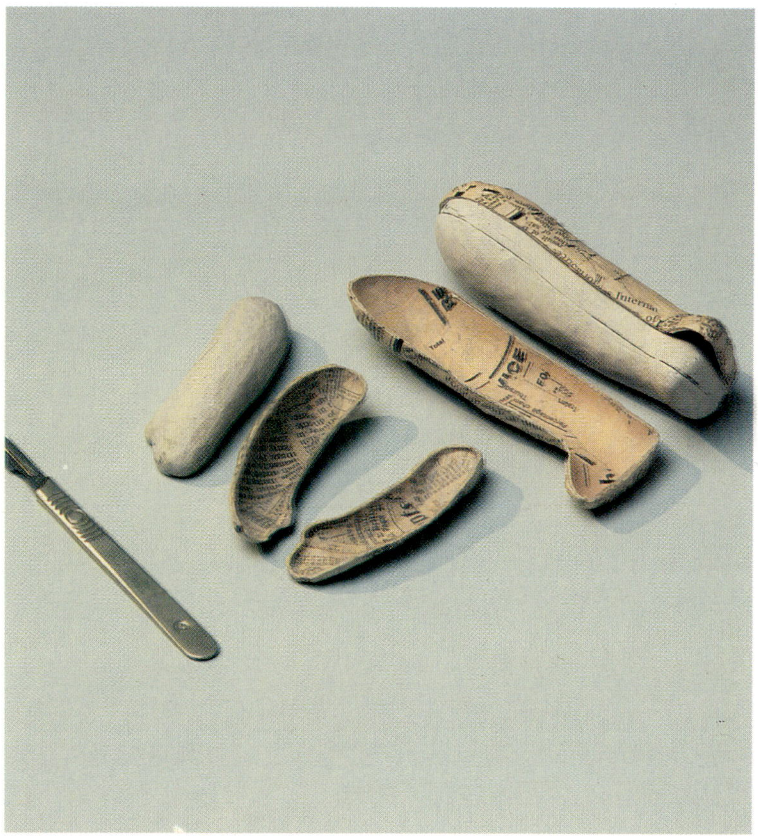

4 Vorsichtig von der Modelliermasse abheben. Falls Sie die Modellierformen noch verwenden wollen, streichen Sie die Schnitte glatt.

5 Die Hälften von Körper und Gliedern zusammenleimen und überschüssigen Kleber abwischen. Bis zum Trocknen mit Kreppband sichern.

Nach dem Trocknen das Kreppband entfernen und die Nahtstelle mit winzigen gekleisterten Papierfetzen bekleben. Trocknen lassen.

6 Vier Gessoschichten auftragen, jede einzeln trocknen lassen.

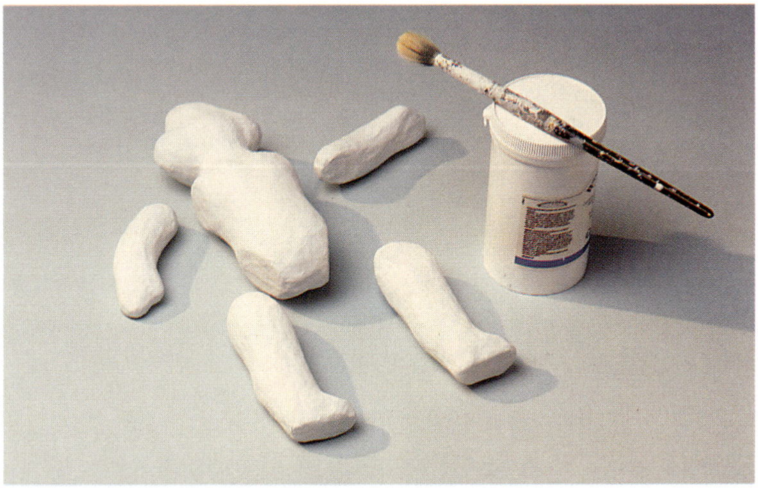

7 Anmalen. Die Hintergrundfarben auftragen. Nach dem Trocknen Verzierungen und Gesichtszüge malen. Die weißen Flächen werden nicht angemalt.

Nach dem Trocknen einmal lackieren.

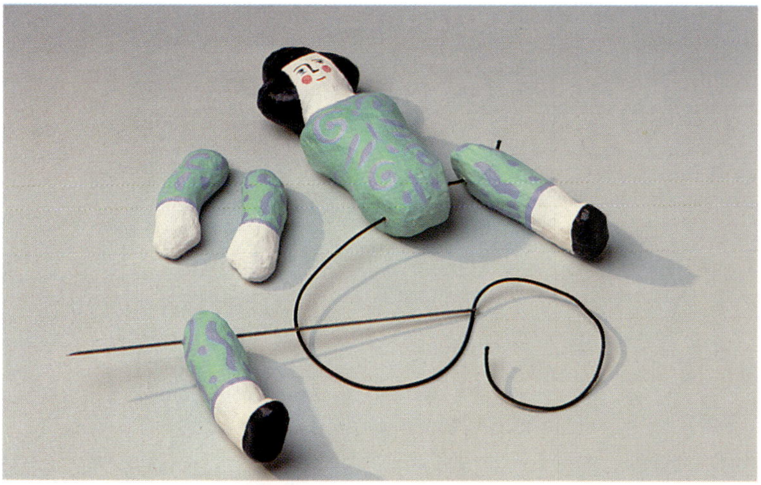

8 Die Puppe zusammensetzen: Gummiband quer durch den Körper und die Glieder fädeln. Dazu eine Polster- oder eine lange Stopfnadel verwenden.

9 Zu beiden Seiten an Beinen und Schultern mit Knoten sichern. Die Glieder sollen sich mühelos bewegen lassen. Ein Tropfen Klebstoff auf den Gummienden verhindert ein Ausfransen.

Puppenhausmöbel

Deborah Schneebeli-Morrell

Puppenhausmöbel sind teuer, dabei lassen sie sich aus billigem Material leicht selbst herstellen. Suchen Sie sich Anregungen in Illustrierten, vereinfachen Sie das Design und erarbeiten Sie sich Ihre Stücke maßstabgerecht für Ihr Puppenhaus.

Die Bauanleitung für diese Anrichte läßt sich für alle Möbel im Puppenhaus auf Seite 88 abwandeln (allerdings ist das Etagenbett durch vier kleine Holzpfosten verstärkt).

Die Bemalung erweckt die Stücke zum Leben. Wählen Sie kräftige Farben und malen Sie das Dekor aus freier Hand ohne Vorzeichnen.

Höhe der Anrichte: 18 cm

MATERIAL

Ein Stück Wellpappe, 27 cm × 50 cm • Ein Stück Fotokarton, 10 cm × 20 cm • Buchbindermesser – Schneidunterlage • Stift • Metallineal • Ponal • Kreppband • Zeitungsfetzen, ca. 1,5 cm × 8 cm • Kleisterschüssel • Tapetenkleister, unter Zugabe von PVA angerührt • fertiger Acrylgesso • Acrylfarbe • Acryl-Mattlack • Pinsel: für Gesso und Lack mittlere, für Farben feinere Künstlerpinsel

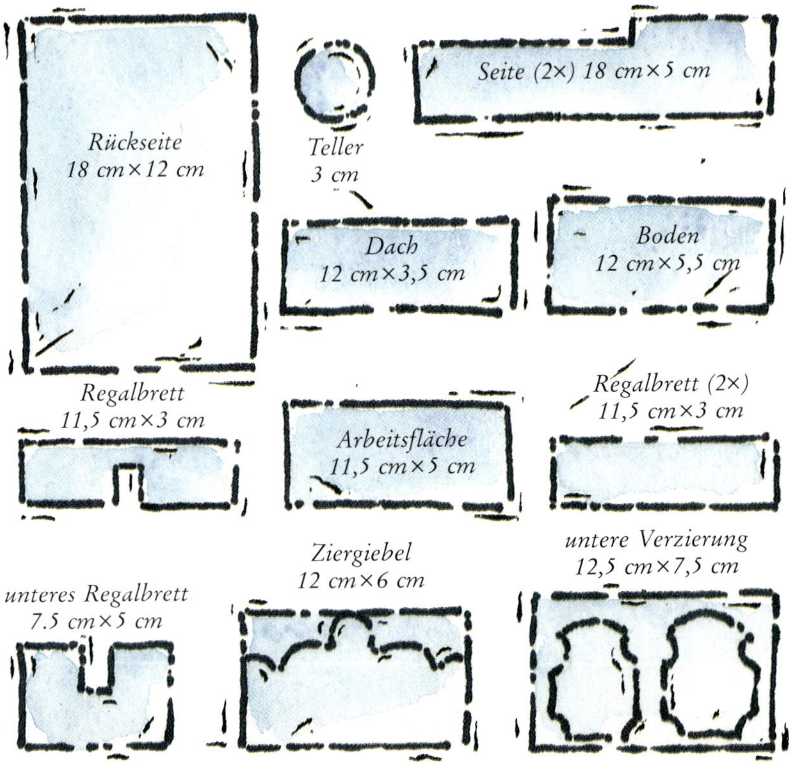

TECHNIKEN

Die Pappdicke beeinflußt bei der Arbeit in so kleinem Maßstab die Abmessungen. Beim Verwenden einer anderen Pappstärke als hier (2 mm) müssen Sie die Maße anpassen. Zuerst Boden, Seiten und Rückwand ausschneiden und zusammenbauen. Maße vor dem Ausschneiden weiterer Teile überprüfen. Teile in der angegebenen Reihenfolge mit Ponal zusammenleimen. Teile bis zum Trocknen mit Kreppband sichern.

Tapetenkleister durch PVA-Zusatz verstärken. Papier beidseitig einkleistern, mehrere Stücke zum Einweichen über den Schüsselrand legen. Nach ein paar Minuten verkleben. Die Anrichte mit zwei Schichten in einem Arbeitsgang bekleben und zwei Tage lang trocknen lassen.

1 Schablonen auf Wellpappe zeichnen und ausschneiden. Mit Teppichschneider und Kantenlineal auf einer Unterlage arbeiten.

Für die Teller neun Kreise auf Fotokarton zeichnen und ausschneiden.

2 Anrichte zusammenbauen, mit Rückseite und Seitenteilen beginnen.

Dann den Boden, das Dach, Arbeitsfläche und Regalböden ankleben. Untere Regalböden schlitzen und kreuzweise ineinanderstecken, festkleben. Ziergiebel und untere Verzierung ausschneiden und ankleben.

Aus Fotokarton Zierleisten für die Borde schneiden und ankleben.

Mit kleinen Kreppbandstückchen alle Teile in Form halten bis zum Trocknen des Leims.

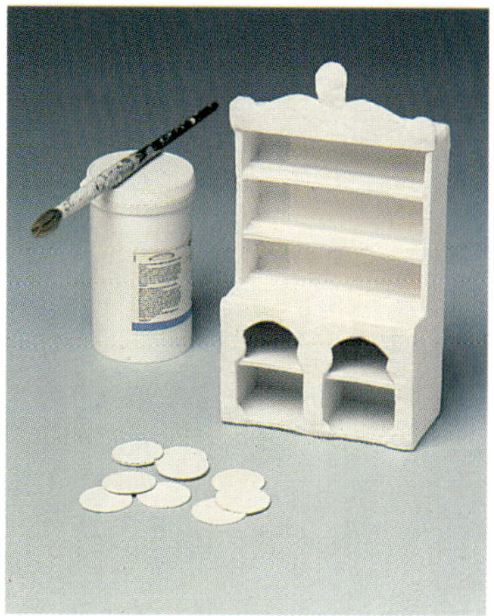

3 Kreppband lösen. Alle sichtbaren Teile zweimal mit gekleisterten Streifen kaschieren, die Rückseite nicht. Für zierliche Formen kleine Papierstückchen nehmen.

4 Zwei Tage trocknen lassen, dann viermal mit Gessogrundierung bemalen. Jede Schicht einzeln trocknen lassen.

Die Teller viermal mit Gesso bemalen.

5 Nach dem Trocknen Seiten und Rückwand innen und außen gelb anmalen. Zwei Töne des blaugrauen Dekors auf die Vorderseite und die Teller malen.

Nach dem Trocknen mit Mattlack behandeln.

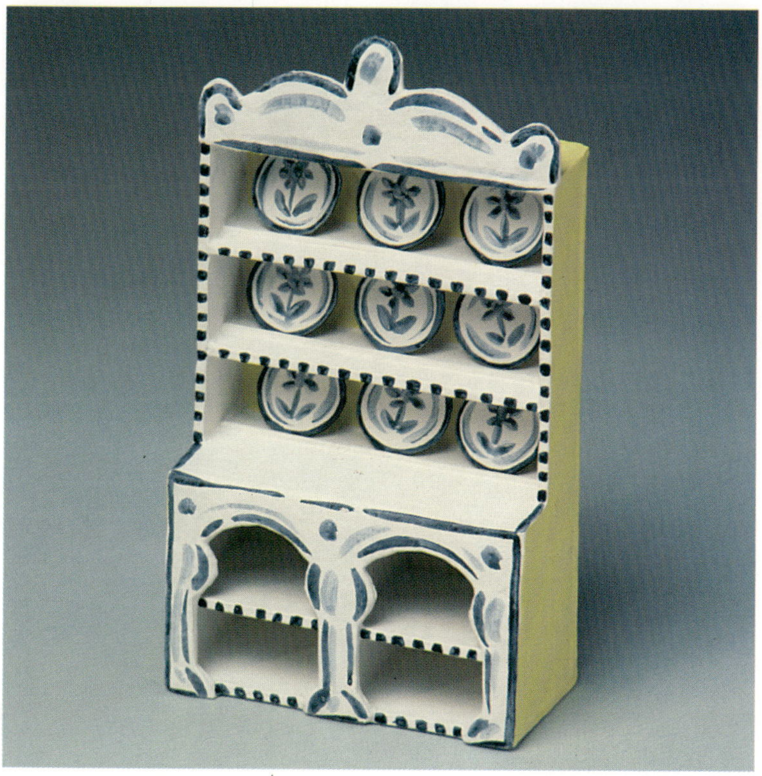

6 Teller mit einem Tröpfchen Kleber vorsichtig hinter den Zierleisten der Regalböden anbringen.

Die anderen Möbel auf Seite 88 werden genauso gebaut wie diese Anrichte.

PUPPENHAUS

DEBORAH SCHNEEBELI-MORRELL

Puppenhäuser faszinieren Erwachsene und Kinder gleichermaßen. Traditionell baut man sie aus Holz, doch dieses Puppendomizil aus Pappmaché ist nicht nur zur Zierde gedacht, es läßt sich auch damit spielen.

Reizvoll ist vor allem das Nebeneinander verschiedener Stile: Die Außendekoration wirkt wie die eines Hochzeitskuchens, abgeleitet vom klassischen georgianischen Pfarrhaus, mit einem aufwendigen Ziergibel wie der mexikanischer Barockkirchen. Im Kontrast zum heiteren Äußeren herrscht im Inneren ein wildes Farbengemisch, wieder mexikanischer Volkskunst nachempfunden. Die Inneneinrichtung aus Pappmaché ist auch willkürlich im Design, ein Spiel der Phantasie – auf dem Tisch steht sogar ein Miniaturpuppenhaus aus Pappmaché.

Beim Bau muß akkurat gearbeitet werden, die Maße stammen von der Designerin. Die Anleitung ist logisch und leicht zu verstehen. Auf Seite 86 beginnt die Anleitung für die Anrichte, und eine ähnliche Puppe wie hier ist auf Seite 80 beschrieben.

Höhe: 88 cm

MATERIAL

• eine Menge doppellagige Wellpappe (aus alten Kartons) • einlagige Wellpappe für Stützpfeiler und für Tür- und Fensterschablonen • Stift • Kantenlineal aus Metall • Teppichschneider • starker PVA-Holzleim, wasserfest • Kreppband • dicke Bücher zum Beschweren • starke Künstlerleinwand: 2 Streifen schneiden, je 54,5 cm × 7 cm • Schere • Kleisterschüssel • verschieden große Papierfetzen • Tapetenkleister mit PVA-Zusatz • Papierbrei • fertiger Füllzusatz vom Maler • fertiger Acrylgesso • Acrylfarben • Pinsel: für Gesso, Farbe und Lack mittlere, für Dekor feine Künstlerpinsel

TECHNIKEN

Die Hauptteile des Puppenhauses bestehen aus doppellagiger Wellpappe in zwei Schichten. Die beiden Pappschichten vor dem Ausschneiden der Teile mit der glatten Oberfläche nach außen miteinander verleimen. Eine Pappe großzügig mit Ponal express einstreichen die andere darauflegen und die beiden Stücke bis zum Trocknen durch Beschweren pressen.

Die angegebenen Maße gelten für doppellagige Pappe von 1,5 cm Stärke. Bei einer anderen Dicke müssen Sie die Maße anpassen. Wichtig ist es, die angegebene Reihenfolge beim Bauen einzuhalten. Dann lassen sich die Maße jeweils überprüfen.

Papierbrei nach Anweisung des Herstellers mischen, dann fertige Füllzusätze unterrühren zur Verstärkung.

Sie brauchen viel Kleister und auch viel PVA-Kleber zur Verbesserung der Klebekraft.

Das Papier ganz glatt streichen, um engen Kontakt zwischen Pappe und Papier zu gewährleisten. Sorgfältig um die aus Papierbrei modellierten Verzierungen herumarbeiten. Ganz winzige Fetzen nehmen, um Falten zu vermeiden. Pappe gleichzeitig von beiden Seiten mit Papier bekleben, sonst verzieht sie sich.

Es läßt sich nicht ganz verhindern, daß sich die Pappe biegt. Das verleiht dem Stück einen besonderen Charakter. Doch die Türen muß man während des Trocknens beschweren, sonst passen sie nicht. (Die Türen zwischen den einzelnen Arbeitsphasen immer wieder anpassen.)

Die Leinwandscharniere werden mit Ponal auf die Tür und die Kante des Türrahmens geleimt. Sowohl Leinwand als auch Pappe mit Leim bestreichen.

AUS ZWEI BÖGEN PRÄPARIERTER DOPPELLAGIGER WELLPAPPE SCHNEIDEN

Sockel
Oberteil: 73 cm × 31 cm
Vorderfront: 73 cm × 13 cm
Seiten: 28 cm × 13 cm
(zwei Teile schneiden)
Rückwand: 73 cm × 13 cm

Giebel
Vorderfront: 71 cm × 21 cm
Verstärkungsteile: 71 cm × 4 cm
(zwei Teile schneiden)

Hauptteil
Rückwand: 68 cm × 55 cm
Seiten: 55 cm × 26,5 cm
(zwei Teile schneiden)
Dach: 68 cm × 25 cm
Boden: 68 cm × 25 cm

Innenteil
Trennwände: 25,25 cm × 25 cm
(vier Teile schneiden)
Boden des 1. Stocks: 68 cm × 25 cm

Türen
Einmal 70,5 cm × 54,5 cm ausschneiden, dann senkrecht ein Drittel abtrennen (um zwei Stücke zu erhalten, eins à 47 cm und eins à 23,5 cm Breite).

AUS EINER LAGE EINFACHER WELLPAPPE SCHNEIDEN

Schablone für Fenster
9,5 cm × 12 cm

Schablone für Tür
9,5 cm × 17 cm

Stützpfeiler
Senkrechte Türpfeiler:
54,5 cm × 3 cm
(viermal schneiden)
Senkrechte Seitenteile: 55 cm × 3 cm
(vier Teile ausschneiden)
Waagerechte Teile für Tür und Seiten passend zurechtschneiden.

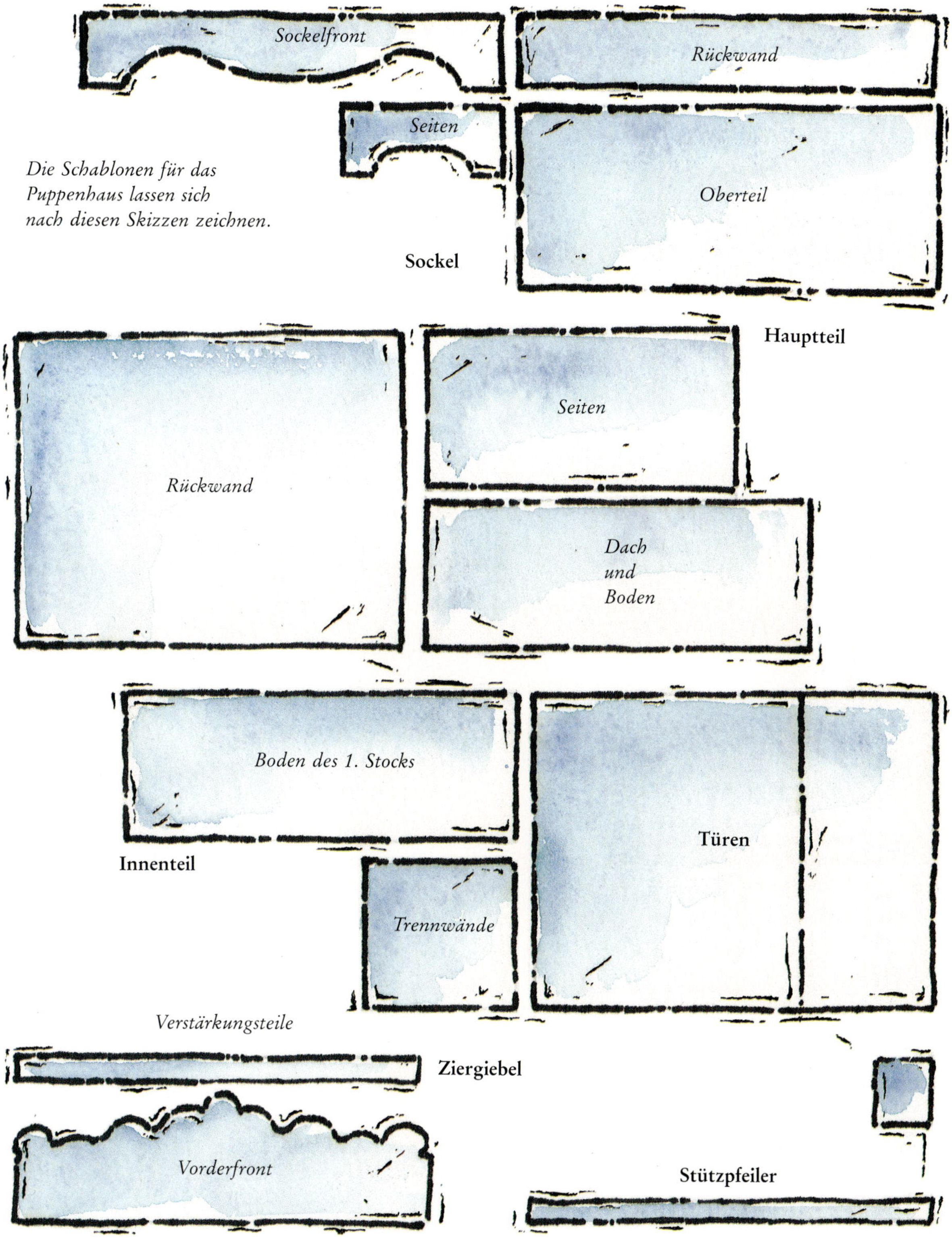

Die Schablonen für das Puppenhaus lassen sich nach diesen Skizzen zeichnen.

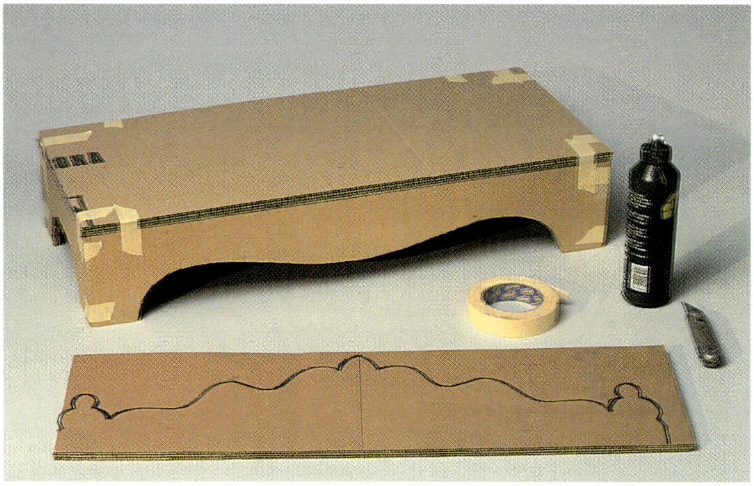

1 Die Sockelteile ausschneiden und zusammenbauen. Dabei das Dach auf die Arbeitsunterlage legen und auf dem Kopf aufbauen. Zuerst Vorder- und Rückwand ans Dach leimen, dann die Seiten.

Umriß für den Giebel zeichnen (entweder Vorlage maßstabgerecht vergrößern oder freihändig eine Hälfte malen, die andere kopieren). Vorsichtig ausschneiden mit Teppichschneider.

Die Verstärkungsstreifen ausschneiden und übereinanderleimen (ergibt vier Lagen Pappe). Hinter die Giebelrückseite leimen.

2 Hauptteil zusammenbauen. Rückwand an einer Seite festleimen, dann den Boden, das Dach, die andere Seite. Bis zum Trocknen mit Kreppband in Form halten.

Jetzt den Hauptteil auf den Sockel kleben, wobei der Sockel vorne soweit übersteht, wie die Türen dick sind. Dann werden der Boden des ersten Stocks und die Trennwände ausgeschnitten und passend angeleimt.

3 Türteil ausschneiden (es sollte 0,5 cm kürzer sein als die Höhe der Hausseitenteile, um gut zu schließen), dann ein Drittel der Breite als Öffnung herausschneiden.

4 Giebel auf das Hausdach kleben, dabei vorne über der Dachkante einen Rand in der Dicke der Türen lassen, damit sie bündig schließen.

Die Stützpfeiler für die Seiten zuschneiden und wie im Bild verkleben. An den Vorderkanten für die Leinwandscharniere 3 cm Rand lassen.

Stützpfeiler für die Türen schneiden. Der senkrechte Pfeiler an der Scharnierseite der größeren Tür steht 1,5 cm vor. An der anderen Tür muß ein entsprechender Rand freibleiben, damit die Türen gut schließen.

Schablonen für Fenster und Türen schneiden.

Fensterrahmen, Türumrahmung und Rundteile auf den Stützbalken mit Papierbrei modellieren und über Nacht trocknen lassen.

5 Türen mit zwei Kleisterpapierschichten kaschieren, dabei für das Leinwandscharnier 3 cm Rand an der äußeren Rückseitenkante freilassen. Vor- und Rückseite der Türen in einem Arbeitsgang fertigen, sonst verzieht sich die Pappe.

24 Stunden trocknen lassen, dabei pressen.

Die Leinwandscharniere an die Rückseiten beider Türen kleben. Auch die Leinwandoberseite mit Leim bestreichen. Zwei Papierschichten über die Leinwand kleben, bis an die Türkante.

Giebel mit Papiermasse verzieren und trocknen lassen.

6 Das ganze Puppenhaus (ausgenommen die Vorderkanten, wo die Scharniere angeklebt werden) mit zwei Papierschichten bekleben und 24 Stunden trocknen lassen.

7 Scharniere auf die Vorderkanten der Seiten leimen und trocknen lassen.

Stützbalken über die Leinwandstreifen auf den Seiten kleben, dann die Pappe mit zwei Schichten Papier kaschieren. Trocknen lassen.

8 Das ganze Puppenhaus viermal mit Gesso grundieren, nur das Leinwandscharnier aussparen. Jede Schicht einzeln trocknen lassen.

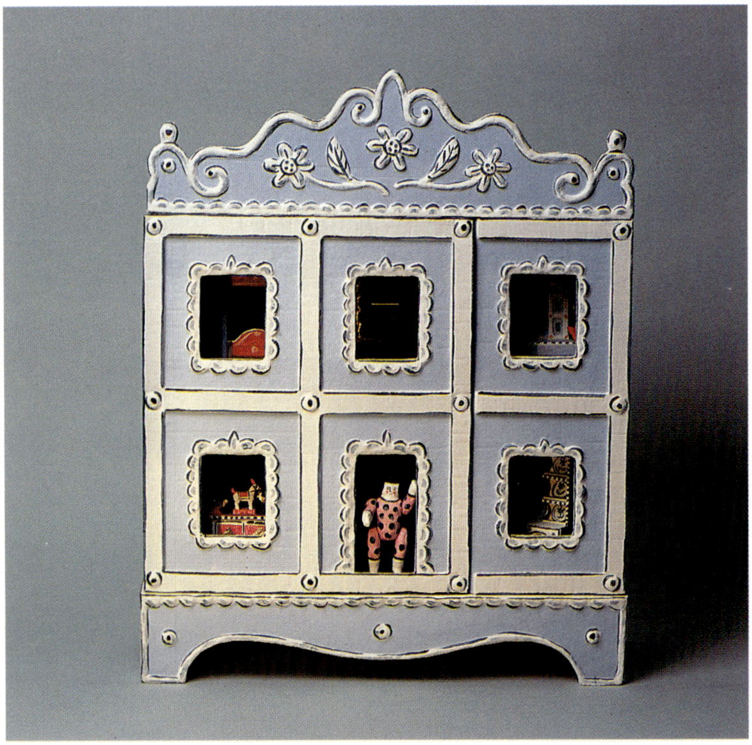

9 Zum Schluß dekorieren Sie das Puppenhaus. Hier wurden Acrylfarben verwendet, die Pappmachéschnörkel blieben weiß und wurden mit dunklen und hellen Tönen blauschwarzer Farbe umrandet. Die Zimmer wurden in verschiedenen Farben gestrichen, und die vorderen Kanten erhielten eine Schmuckborte.

Nach dem Trocknen eine Schicht Acryl-Mattlack auftragen.

Register